大麻ヒステリー

思考停止になる日本人

武田邦彦

光文社新書

はじめに

かつて「大麻」といえば芸能人でした。〝マリファナ・パーティー〟という、何か秘密めいた地下室を思い起こさせるような言葉と売れっ子芸能人……そんな組み合わせを想起したものです。

でも、それは過去のものとなり、「大麻」というと学生、それも早稲田大学や慶應義塾大学という有名大学の大学生が、大麻を所持していた、アパートで育てていたというニュースが流れるようになりました。

これほど有名な「大麻」ですが、「どんなものですか?」と聞かれて詳しく説明できる人はほとんどいません。そして「大麻を吸うとどうなるの?」と質問すると、「痲薬みたいなものじゃないの……」という確信のなさそうな言葉が返ってきます。

有名でも知られていない植物、それが大麻です。

実際に「大麻」が栽培されているところを見た人は少ないと思いますが、マスメディアで報道されるイメージとはまったく違い、思いのほか、美しい大きな葉を持つ、生き生きとした植物です。

そして、この数奇な運命を持つ植物は、つい最近まで、少なくとも2000年は日本人となじみ、神社の鈴縄や赤ちゃんの産着《うぶぎ》、そして下駄の鼻緒などに使われ、私たちの身の回りにあって、一緒に生活をしてきたのです。それが日本ではなく、アメリカで起きたある事件をキッカケにして、突如として追放の憂《う》き目にあい、今では忌《い》み嫌われる植物の一つになっています。

これだけでも不思議な気がします。あれほど日本人の生活の中に溶け込んでいたのに、今では一鉢の小さな大麻草を育てるだけで厳しく罰せられ、マスメディアの追及にあうようになったのです。

本書を書こうと思った動機は、大麻の不思議を解き明かしたい、大麻を考えることで日本の社会と文化の一部を明らかにしたいというものです。

人間を取り巻く環境というと、もちろん空気や水、ゴミといったもの、「食品添加物」やダイオキシンなど「体の健康」に関係するものが注目されます。その意味では、環境に影響を与える薬物の一つとして、大麻のことを考えることになるでしょう。

でも、人間は心を持つ存在であり、知の動物でもあります。ですので、「大麻」は痲薬か否かという物理的・医学的な視点ばかりではなく、日本文化との関係——真の環境とは何か、日本人にとっての環境とは何か——についてもあわせて、考えてみたいと思います。

でも、何しろ「大麻」ですから、常識では「あり得ない」と思われる内容を含んでいます。さらに、大麻の問題は、医学、薬学、環境、法律、社会、悩み、人生、自然など、広く総合的な内容を整理しないと浮かび上がってきません。

このように、考えなければならないことがとても多いことに加えて、大麻のことを語ること自体がアンタッチャブルになっていて、今まで誰も系統的に解明したことがないのです。でも、多くの若い人が逮捕され、前途有望な人生を棒に振っているのですから、少しでも正しい知識をもって、より明るい社会を作りたいものです。

平成21年6月3日

武田邦彦

目次

第二章　大麻とは何か？　63

第三章　大麻と日本　97

第四章　大麻とカンナビノールが精神に及ぼす影響

第五章　大麻と法律、大麻と社会

第一章　大麻は痲薬か？

1　あなたの近くの大麻

＊突然の価値観の変化

大麻は古来、痲薬ではありませんでした。大麻の「麻《ま》」は植物の麻《あさ》という字ですし、痲薬の「痲《ま》」は「しびれる」という字です。似てはいますが、まったく違うものです。そして、次の絵を見れば、かつて大麻が痲薬として使われていなかったらしいことが、理解できます。

図1の絵は、清水登《とし》之画伯が1929年の第16回二科展に発表した「大麻収穫」と題したものです。広い畑一面に大麻が植えられていて、それを村中の人が総出で収穫しています。大麻は稲と違って背が高いので、この絵の中央部分を見ると、まるで林のようになった大麻に、その半分ほどの背丈の村人が刈り取りのためにとりついているのが小さく見えます。

先の戦争、つまり太平洋戦争が終わるまで、日本は2000年にわたって大麻を普通の作物として利用していて、全国に大麻畑が広がっていました。この絵のようにごく普通に栽培され、ごく普通に収穫されていたのです。

人間社会は、ゆっくり少しずつ進歩していきます。そして、かつては手の届くところにい

図１　清水登之画「大麻収穫」

くらでも大麻がありました。にもかかわらず、かつての日本には「マリファナ・パーティー」などというものは存在しませんでした。

なぜ、いつから大麻は痲薬になったのでしょうか？　あまりに急激な変化です。

日本文化において、大麻を育てることは普通のことだったのに、それが突然、犯罪になる。

もちろん日本人にも「これはよいことだ、あれは悪いことだ」という価値観がありますし、もともと価値観というものはそれほど急激には変わりません。ところが、昔の日本の価値観——大麻は普通の作物である——に基づいて大麻を所持していると、逮捕される社会になったのです。それはなぜでしょうか？

国や法律には、その国の文化を突然覆《くつがえ》す権限があるのでしょうか？

図２の写真を見てください。

この写真は筆者が撮影した「現在の大麻畑」です。

手前に道路があり、その先に旗が立っています。そ

図2　東京に近い大麻の栽培地。手前の畑の向こうに見えるのが大麻畑

の旗の後ろの背の高い草が大麻です。普通の道路に面して、大量の大麻が栽培されています。

近づいて撮影した写真が図3です。大人の背丈ほどの立派な大麻の畑で、手前が公道、遠くに前の写真でも写っていた山が見えます。

さらに近づいて見ましょう。立派な大麻が育っています。大麻の葉は、茎から約10枚ほどの細い葉が四方に出ていて、ヤツデに似た形をしています。それほど柔らかくはありませんが、ごく普通の葉っぱという感じです（図4）。

私がこの写真を人に見せると、テレビで大麻事件の報道に接していることもあり、「信じられない。なんで、こんなところに大麻が

図3　大麻畑に近づいた写真。柵などは特にない

生えているの？」と聞かれます。でも、この畑は東京からほど近い関東平野の普通の風景です。

実は、大麻は日本の伝統的な作物なので、大麻の形をよく知っている人が、大麻のある日本の風景を写真に撮ろうとすると、多くのところで撮影できるといっても大げさではありません。

いったい、どうしたわけでしょうか？

一方では、早稲田大学の学生がアパートの一室で、電灯をつけて密かに大麻を栽培していたとして逮捕され、あるいは慶應義塾大学の学生が極悪非道なことをしたようにいわれて、大学を追われるという様子がテレビで繰り返し放送されているのに、その放送の電波

図４　露地で栽培されている大麻の葉

を発している東京からほど近い関東平野で、白昼堂々と大麻が大量に栽培されているのです。

ますます、疑問が深まってきました。マスメディアが報道する「大麻汚染」とはなんでしょうか？　アパートの一室で数鉢の大麻を栽培していると全国に報道されるほどの罪になるのに、一方、畑で堂々と栽培しても罪に問われないのですから、不思議です。

この不思議に本書では真正面から取り組んでいこうと思います。しかし、それには段階があります。まず、大麻という植物のおおよそのことを知ってもらい、次に、大麻の栽培がなぜ犯罪なのかを説明するという順序で進んでいきます。また、段階的に理解を深めていただくために、重複を恐れずに進みたいと思います。

＊持続性社会に最適な作物

大麻は山桜の咲いた後、つまり4月の後半に植えることになっていました。もちろん、日本は南北に長いので、地方によって植えつけの時期は違いますが、おおよそ4月から5月にかけて植えられます。「山桜が咲いた頃、大麻を植える」という覚え方はいかにも日本的なものです。

大麻畑では、幅30センチメートルぐらいの畝《うね》を作り、そこに4センチぐらいの間隔で大麻草の種を植えていきます。

種を植えつけてから、一週間か少し経《た》つと芽が出てきます。大麻はアサ科のごく普通の植物で、どちらかというと病気も少なく栽培も楽な作物です。

適当な時期に間引きをしたり、若干の農薬を施すことも行われますが、もともと日本の気候や土との相性がいいようで、成長も早く、また、農薬をあまり好まないので、自然農業を目指す人にとって最適な作物でしょう。

収穫するまでは4カ月ぐらいなので、夏の盛りには、最初に示した絵のように、堂々たる高さまで実り、それを刈り取ります。大麻を刈り取るための専用の機械やコンバインなどもありますが、それほど強い根を張っているわけではないので、一度に10本ぐらいをまとめて引き抜いて収穫することもあります。清水画伯の絵に描かれた収穫もそのように見えます。

大麻が、日本で縄文時代から栽培されていたのは、日本の気候にあっていて、育てるのも容易だったからでしょう。また、収穫時期である7月の下旬の気候が、比較的、安定しているということも関係していたと思います。さらに、収穫した後に、枝を打ち、乾燥させ、4日ほど簡単な発酵をさせるぐらいで、良質の繊維や、栄養豊富な実がとれたからでもあります。

後に詳しく書きますが、大麻は、麻の着物、蚊帳《かや》、赤ちゃんの産着、神社などで使われる鈴縄などの他に、下駄の鼻緒や畳の縦糸にも使われました。とても丈夫で、繊維の表面が「すべすべ」しているので重宝されました。

大麻の実は栄養豊富なので、さまざまな食材として使われましたが、もっとも身近なものが「七味唐辛子」です。七味唐辛子の中のひときわ大きな粒が大麻の実です。

つまり、現代風にいえば「大麻は、日本の気候にあっていて、農薬などが少なくて済み、成長が早く、広い用途に使うことができ、持続性社会を考えるなら最適な作物の一つ」となるでしょう。

ここまでの簡単な解説を読んだ読者の方々は、メディアで報じられる「大麻汚染」とは、かけ離れた話という印象を持たれたことでしょう。

「大麻」というものにまったく先入観のない人に、先ほどの清水画伯の絵を見せて「これが日本古来の大麻の刈り取り風景ですが、今では栽培すらゼッタイにしてはいけないのです」というと、「なんでですか？　こんなに大量に作られていて、しかも普通の人が収穫しているじゃないですか？」と頭がこんがらがってくるはずです。

江戸時代や明治時代の農家の人は、普通に大麻を栽培していました。そして、夜になると大麻を吸っていたのかというと、そうではありません。日本の歴史上、タバコ喫煙は禁止されたことがありますが、大麻は特に何も規制されず、禁止もされず、自由に育てられていたのです。それは、日本には大麻を吸う習慣がなかった、２０００年間、おそらく一度もなかったからです。後にタバコが普及しますから、植物の葉を乾燥して吸う方法は知られていたはずでしょう。

それでは、昔、収穫されていた大麻と、現在、栽培されている大麻は、種類が違うのではないか？　という疑問が当然浮かぶはずです。

しかし、それも違います。昔も今も、日本で自生する大麻はほとんど同じものです。現在、産業用に使われる大麻は、先ほどの写真のように栽培されていますが、これも昔のものと同じです。

いったい、日本に何が起こったのでしょうか？

そのためには、まず大麻が禁止された歴史から入りたいと思います。

2　大麻が痲薬になった日

【第一話　アメリカの登場】

＊一回目の流行は自然消滅

「大麻の排斥運動」は日本ではなく、新大陸アメリカで起こりました。

アメリカ合衆国は若い国で、今から２３０年ほど前の１７７６年にイギリスから独立しました。日本では江戸時代の中期にあたり、時の将軍は徳川家治、政治では老中田沼意次《おきつぐ》が権力を握って大改革を行っていた頃です。まだ徳川幕府に十分な力があった時代で、明治維新まで100年という時期でした。

「アメリカ合衆国」という白人による新しい国は、歴史の長いヨーロッパや日本と比べてかなり違っていました。人間社会には伝統というものがあり、それが政治、文化などに色濃く影響を及ぼしますが、その伝統のない国がアメリカでした。伝統がないだけに、突然、奇妙なことも起こりますが、逆にそれが画期的なことを生むこともありました。

アメリカは1776年に建国されましたが、この言い方はあくまで白人側から見たものであって、それ以前からアメリカ大陸には、いわゆるインディアン（ネイティブ・アメリカン）が住んでいて、それなりの政治体制もあったのです。

17世紀に、少数のイギリス人がキリスト教の宗派間の争いでアメリカ大陸に移住し、その後、少しずつ移民の数が増えてイギリスとの争いも激しくなり、ついにイギリス軍との戦争に勝って独立したのですが、白人はそれまでのインディアンの文化をほとんど消し去ってしまい、伝統という形ではあまり残りませんでした。

また、建国の歴史から、アメリカでは「すべての人間は平等に造られている」といわれていますが、それは階級制の国、イギリスから独立するための大義名分を立てる意味もあり、独立宣言における「すべての人間（厳密には『すべての男（all men)』という英語が使われている)」の中には、女性やインディアン、奴隷としてアメリカに連れてこられたアフリカ系の人は入っていませんでした。

この差別的な意識が、後に禁酒法や大麻の取り締まりに大きな影響を与えます。

もともと移民が独立して造られた国ですから、その後もアメリカは移民を受け入れ続けます。さらに、建国の前から奴隷貿易が盛んで、奴隷として連れて来られた多くのアフリカ人が、アメリカ合衆国で暮らしていました。

さらに、アメリカは南の国境で、古いマヤ文明を持つ国、メキシコと接しています。3000キロ(東京から下関の距離の3倍)にも及ぶ国境を接していますから、そこからも連続的に、かなり多数の移民がアメリカにやってきました。

現在でも、アメリカ・メキシコの国境は世界でもっとも移民の数が多く、この国境線の長さも、後の大麻問題を複雑にします。

大麻は、イギリスから独立した当初は、重要な繊維原料だったのですが、その後、奴隷貿易によって大量の労働力が得られるようになって綿花栽培が盛んになり、繊維として利用される大麻は後退していきました。そして、南方から移動してきた人たちなどが、大麻を「タバコ（マリファナ）」として使い出したのです。

アメリカにもう少し歴史があるか、もしくは奴隷貿易というものがなければ、西方から来た人たちだけで国を造ることになり、アメリカでも日本のように大麻は痲薬にはならなかったかもしれません。

このように、痲薬系のものは常に南方の民族との関係が深いのです。

でも、19世紀に入ると、長い国境線を越えてやってきたメキシコ人やカリブ海の人たちなどを中心に、〝マリファナ〟はアメリカ南部でタバコとして流行しました。

その頃はまだアメリカ社会も素朴だったのでしょう、マリファナ・タバコはあまり好まれることなく、一回目の流行は自然に立ち消えてしまったようです。

後ほど「痲薬と社会」について触れますが、痲薬は「特定の社会――ストレスのある社会か、逆にあまり働かなくてもよい社会――が求めるもの」という傾向が見られます。

人間は、常にお酒やタバコ、コーヒー、あるいは痲薬のような嗜好品を好むのではなく、生活のある時ある場面で無性に欲しくなるのです。一人でお酒を飲んでもさっぱり美味しくないとか、仕事の時にはタバコを吸うけれど家では吸わないという人が多いのも、その一つでしょう。

まだ社会全体がワイルドで、西へ西へと発展している頃のアメリカでは、パイオニア精神があふれていて、マリファナのような精神的な効果を持つものに頼る必要はなかったようです。それが、マリファナの一回目の流行が自然に消滅した理由と考えられます。

＊白人とヒスパニック系の対立

19世紀後半に南北戦争が起こり、リンカーン大統領が登場し、奴隷制度が廃止されました。さらに、かつての宗主国だった大英帝国に代わってアメリカが世界の工業国として力を伸ばしてくると、社会の様相は一変します。

カウボーイが象徴だった素朴なアメリカが、20世紀に入ると、それまでの先進国、ヨーロッパの国々より「現代的な雰囲気の国家」として浮上してきます。フォードの自動車産業、チャップリンの映画、石油化学コンビナート、そして高層ビルが建ち並ぶ都市――アメリカは世界のリーダーとして走り出したのです。

そんな中、アメリカ南部には、大量のメキシコ人やカリブ海諸国や南アメリカからの人たち――ヒスパニック系――が、アメリカの繁栄の恩恵を受けようと移住してきました。

彼らの大半は都市のダウンタウンに住み、労働者として働き始めました。そして、その生活と社会的な雰囲気から、再び大麻の葉でできたタバコが流行し始めたのです。特に、南部のニューオーリンズを中心に、徐々に北部に広まっていきました。

本書の最後に、19世紀のイギリスの貧民窟の描写が出てきますが、それほどでないにしても、都市の中にスラム街のようなものができたのもこの時期でした。


ところで、ここまで単に「大麻」という名前で呼んできましたが、大麻は、麻、カンナビス、ヘンプ、マリファナ、ハシシ、大麻草など、いろいろな呼び名で呼ばれています。それぞれに歴史的な意味合いがあるのですが、それが大麻の問題を複雑にしています。

これらの名前は歴史的に生まれてきたものであり、科学的にはっきり区別されたわけではありません。ですから、本書でも、最後に大麻のことが徹底的にわかるまで、曖昧《あいまい》に使っていきます。正しく用語を使おうとすると、かえって混乱して誤解を招くからです。

でも、一応の区別をしますと、植物として呼ぶ場合は、大麻草、カンナビス、ヘンプなどが適当です。本書では、大麻、または大麻草と呼びます。

タバコや精神的な効果をもたらす嗜好品として呼ぶ場合は、大麻、大麻樹脂、マリファナ、ハシシなどを使います。特にハシシは、インド大麻という種類と関係し、かつ大麻の樹脂部分だけを指します。

日本と関係が深い時や総称として使う時には「大麻」、特に痲薬と近い形で使う時には〝マリファナ〟と呼ぶのが一般的でしょう。アメリカでは、タバコとして使う大麻のことを〝マリファナ〟といいます。

でも、あまり名称に神経質になると、余計に全体像がわかりにくくなるので、本書では、厳密に区別しないで話を進めます。

話を戻しましょう。

移民してきたヒスパニック系の人たちがマリファナを吸うことが、社会的な問題として意識されるようになってきました。

後に詳しく書きますが、現代の日本で報道に接していると、マリファナは「ゼッタイ」に触れてはいけないもののように感じられますが、実は、マリファナがどの程度の身体的・社会的影響を持つのか、また、マリファナが流行したアメリカでどのような社会的な問題が起きたのか、という記録はあまりはっきりしていません。

当時の記録を調べると、大麻をタバコとして使うことによって暴力事件が起こったり、「痲薬の巣」のようなものができて社会的不安をあおったりすることはなかったようです。

もともと大麻のタバコが流行ったのは、普通のタバコ、つまり「ニコチン・タバコ」より習慣性がなく、値段も安かったので、単に「安ものタバコ」の一種として使われたというのが実情のようです。

でも、一つ問題がありました。当時、アメリカ南部に住んでいた白人は、あまり大麻のタバコは吸わなかったということです。それに対して、移民してきたヒスパニック系の人は大麻のタバコを吸うので、もともとその習慣がなかったアメリカ南部の白人は違和感を持ったようです。

歴史は時に、急激に展開していきます。

アメリカ合衆国は、建国された頃は移民の国だったのですが、それから100年以上も経ち、アメリカはアメリカとしてのアイデンティティを持つようになります。また、奴隷制度があったことからもわかるように、強い人種差別の意識もありました。そんな雰囲気の中、もとは移民の国だったにもかかわらず、「先に移住してきたアメリカ人」と「後から来たアメリカ人」の間に、利害関係の対立も発生するようになったのです。

そのような社会的背景のもとで、「マリファナはケシカラン。あれがあるから社会が不安定になるのだ」という話になり、主として白人側からマリファナ排斥運動が始まりました。

現在のアメリカでは、痲薬やマリファナの使用割合は、白人も有色人種もほぼ同じです。しかし当時は、マリファナというと、ダウンタウンの汚いところで移民たちが集団で煙をもうもうとさせている……という風景を白人は思い起こしたのです。

【第二話　禁酒法の登場】

＊実は「節酒」

20世紀の初めのアメリカに、ある人物が登場します。アメリカ連邦痲薬局長官、ハリー・アンスリンガーです。

アンスリンガーは、その職務からわかるように、コカインやアヘンなどの痲薬を取り締まる部署の長官でした。

このお役人はなかなかの腕利きで、しかも正義感が特に強かったようです。人にはそれぞれ何らかの特徴がありますが、この人は、自分の任務を遂行するために、キャンペーンを張ったり、特定の政党と連携したりするのが得意な、「政治色の強いお役人」でもありました。

彼はある時から、マリファナの追放に乗り出すのですが、その一つのきっかけになったのが、あの悪名高い「禁酒法」でした。

アメリカの禁酒法というのは、何しろお酒を手に入れたらいけないというのですから、世界的に珍しく、またそれだけに有名な法律です。それは1917年に成立し（3年後の1920年に施行）、1933年に廃止された短命な法律で、その内容は、お酒を飲むこと自体は良いのですが、その製造、販売、移動を全面的に禁止するというものでした。

日本で「禁酒法」と聞くと、「さすが、ピューリタン（清教徒）が建国した国、アメリカらしい。信心深く、清廉、潔癖な人生を目指して法律を定めたのだな」と直感的に思うのですが、事実はもう少し複雑でした。

そこでなぜ、こんな奇妙な法律ができたのかを理解するために、別の角度から、アメリカ合衆国という国の成り立ちを描いておきます。

17世紀の初めに、イギリスからピューリタンの人たちが大西洋を渡って移住してきた時、すでにアメリカにはインディアンが先住民族として住んでいました。でも、インディアンは穏やかな民族でしたから、白人がインディアンを襲わない限り、白人をそのまま受け入れたのです。

それでも、最初に国を建設した白人たちは大変でした。建国当時のアメリカの厳しい物語は多くの書物で知ることができます。遠くイギリスから移住してきて、自由を得たのはよかったのですが、気候は寒く厳しく、それは大変な毎日でした。そんななか、幸運なことといったら、巨大な森林がそびえ、天然資源に恵まれていたこと、加えて、膨大で肥沃な土地が無限ともいえるぐらいに西に広がっていたことでした。

当時、ヨーロッパは産業革命以後の発展期にあり、製鉄に膨大な木材を必要としていました。それにはアメリカから輸出された木材が活躍しました。ちょうど、時代のタイミングが合い、ヨーロッパとの貿易で発展することができる素地があったのです。

また、広大な西部を開拓するには、インディアンを圧迫しながら西へ西へと展開していかねばなりません。それには荒くれ男や銃も必要です。このような開拓の歴史の中で、私たちが西部劇のワンシーンで見るような、酒場で飲んだくれたり、「のどが渇いた」といってはウィスキーをがぶ飲みしたりする荒くれ者が出てきました。

彼らは激しい労働、未知の土地を開拓していく不安などから、ワインやビールといったアルコール度の低いお酒ではなく、ウィスキーのような強い蒸留酒を好んだのです。洋の東西を問わず、過酷な労働をしている人や自らの生命に対する危険を感じている人は、強いお酒を求めるようです。

でも、誤解しないようにしなければなりません。

文化が違うと言葉の意味が変わるように、「禁酒法」といえば日本では「お酒を禁止した」と思われがちですが、実はそのとおりではありません。

当時のアメリカで「お酒」というと、おおよそ「ウィスキーなどの蒸留酒＝強いお酒」を意味していて、ビールなどは「食中毒を防ぐ飲み物＝水のようなもの」だったのです。何しろ、アルコールに強い白人のことですから、ビールは水、ワインもわざわざお酒というほどのことはないでしょう。

たとえば、ヨーロッパにビジネスに行って、昼休みにワインを出され、それを調子よく飲んでいると、日本人の多くはあまりアルコールに強くないので、午後の会議はフラフラ。そんな海外出張の失敗談をよく聞いたものです。

さらに、日本の常識では推《お》し量《はか》れないこともあります。

日本は規則を守る社会ですから、法律で禁止と決まれば「禁止」に決まっていると思いがちですが、まだ素朴さが残っていた当時のアメリカ社会での「禁酒」という言葉は、管理社会で、みながほぼ同じ思考と行動をする現代の日本でいう「節酒」ぐらいの感覚でした。でも、その曖昧さが後に禁酒法の失敗の原因の一つになるのです。

ともかく、徐々に「お酒の飲みすぎは社会を壊す」ということで、禁酒（節酒、あるいはウィスキーのような蒸留酒の禁酒）の気運が高まり、1826年にはボストンに「禁酒協会」が設立されます。

この禁酒運動には、教会も積極的に一役を買うのですが、よく知られているように、教会ではワインは「聖なる飲みもの」です。もともと教祖のイエス・キリストご自身が大いに食べて飲んだといわれていますし、キリスト教の多くの行事にワインが登場します。ワインはイエス・キリストの血を象徴する飲み物ですから、それを悪いものとして禁止することなどありえません。

だから、お酒の中でも、ワインはいいけれど、ウィスキーのような強いお酒をビンごと飲んでアルコール依存症になることが問題視されました。加えて、すでに西部の開拓が一段落して、アメリカは初期の荒々しい時期から近代国家に発展しつつありました。そうして社会がだんだん清潔好きになってきたことも、禁酒法が登場する社会的背景としてありました。

そして1851年、ついにメイン州で最初の禁酒法が成立します。

*プロテスタント対カソリック

大麻のことを扱う本書で、禁酒法に少し踏み込んでいるのは、大麻の取り締まりのことを理解するには、禁酒法の理解が欠かせないからです。

何事も、自分の頭で正しいかどうかを判断するためには、判断の対象となるものだけを直接的に知るだけではなく、その周辺の物事の理解が必要です。最近の学生はよく「それが何の役に立つのですか?」と聞いてきますが、直接的に関係することだけしか覚えないと、どうしても「指示待ち人間」になってしまいます。

本書では、大麻というものを正しく、自らの頭で判断するために、直接的には関係がないように見えることにも触れるようにします。

メイン州はアメリカ合衆国の東北部にあり、ヨーロッパから移り住んだピューリタンの雰囲気がまだ強く残っているところでした。

さらに事態を複雑にしたのは、禁酒法成立の背景に、最初にヨーロッパから移民してきたプロテスタントと、その後ドイツなどから移ってきたカソリックの人たちとの対立があったことです。

さらに、宗教的な対立に世俗的な利害関係が絡むのは普通のことです。ピューリタンとしては、後から来た移民がお酒を飲んだくれていて、おまけにカソリックということであれば、彼らを排斥したいと強く思うようになってもおかしくはないでしょう。

もともと宗教的対立が原因でイギリスから逃れてきたプロテスタントが中心となって建国したアメリカですが、その後、移民の多くがカソリックだったことから、現在では、プロテスタントとカソリックはほぼ同じ数といわれています。

そうこうしているうちに、1914年に第一次世界大戦が始まります。アメリカは最初は孤立主義（モンロー主義）を唱えて参戦しませんでしたが、ドイツの潜水艦にアメリカの商船が撃沈されたりして、国内で急速に反ドイツ感情が高まり、1917年に参戦します。

この過程で、ますます「飲んだくれるドイツ人を許すな」という雰囲気が強くなってきました。加えて、ビール業界がドイツ人に牛耳《ぎゅうじ》られていたことも、カンに障《さわ》ることでした。

さらに、女性が社会的な力をつけてきます。

もともと、女性はお酒をそれほど飲みません。だいたい強いウィスキーをがぶ飲みする飲んだくれというのは、女性の敵である荒くれ男たちです。ということで、女性も参加して、禁酒運動はいっそう盛り上がりました。

結局、業界の対立や女性の力、宗教界の影響などがあり、ついに1917年、歴史的に珍しい法律である「禁酒法」が議会を通過し、当時のウィルソン大統領が署名して、「お酒は禁止」になったのです。

＊製造・輸入・販売はダメだけど、飲んでもいい

後で解説しますが、禁酒法と大麻取締法（アメリカでは大麻課税法）とは似ているところがあります。

人間社会から見て、法律にするにはやや無理があるという点で禁酒法は「心にひっかかる法律」といえます。全面的に禁止するのはどうかということもあり、断固たる態度では取り締まれず、やや及び腰になりました。つまり、禁酒法には、最初から抜け道が用意されていたのです。法律を作る方も、「ちょっと、行きすぎではないか」と心の中で思っているので、シッカリした、論理的な条文ができないのです。

「お酒を飲んではダメ」とはっきりしていれば全面禁止できるのですが、お酒は法律で罰するほどのものではありませんし、ワインは神聖な飲み物です。ワインはいいがウィスキーはいけないということになると、個人の趣味の問題になってきます。

ウィスキー党の人から「君たちは肉体労働をしていないから、ウィスキーがいらないのだろうけれど、我々は体を使っている。夜になって疲れた体を癒《いや》すために、家でウィスキーをちょっと飲むことの何が悪い。そこまで自由を束縛するのかッ!」といわれると反論は難しい。

そこで、いわゆる「禁酒法」(正式にはもっと長い名前の法律)は「ウィスキーの販売禁止法」のような内容で成立しました。つまり「ウィスキーを家庭で飲むのはいいけれど、作ったり、売ったり、輸送したりしてはいけない」という中途半端な法律になったのです。

その後の禁酒法の歴史の教えるところによると、この中途半端な規則が混乱を招き、犯罪者を増やし、ギャングを横行させ、さらに社会を大混乱に陥れました。

まさにことわざ通り「無理が通れば道理引っ込む」ということでしょう。

ウィスキーを作ることも売ることも禁止だけれど、飲んでもいいということになると、少しの例外は別にして、「闇ルートから買って飲めばよい」ということになります。そこで

「闇ルートを仕切る男」として名高いギャング、アル・カポネが登場します。

　禁酒法の施行とともに、アメリカはお酒の「輸入」を禁止しますが、お隣のカナダは「輸出」を許可していました。だから、カナダからウィスキーを密かに輸入し、それを「ウィスキーを飲みたがっているアメリカ市民」に売ったのです。

　この行為は法律に違反するという点では、明確に〝アウトロー〟なのですが、「飲みたい人がいるのだから、売って何が悪い」という理屈も、屁理屈としては一応成り立ちます。実際、マフィアもその理屈を楯にしたのです。


　この世で法律で罰せられることといえば、人に迷惑をかけることとです。単に、「あなたは○○○だから、イヤだ」といわれて、社会から排斥されたり、罰せられたりしてはたまりません。たとえば、家でお酒を飲んで酔っぱらって気持ちよくなり、ベッドでグーグーと寝たら罰せられるというのは、いくら何でもひどすぎます。

　このように、個人生活そのものを法律で禁止するかどうかということは、大麻について考えるときとても重要なことですので、頭の片隅に置いておいてください。お酒についていえば、「飲んだくれて自動車を運転するのはたしかに悪いが、家で晩酌をしてから寝るのは別に悪くないと思う」という感覚です。

さて、この矛盾に乗じてカポネは活躍しました。当時の酒屋は「正しく商売すればつぶれ、闇でやれば儲かる」といわれたものです。

ともかく、禁酒法は成立し施行されましたが、ウィスキーを飲むことは抑制できず、単にギャングを増やして社会を不安定にしただけなので、禁酒法は施行からわずか13年で廃止されました。

しかし、禁酒法はアメリカ社会に大きな傷を残しました。

それは「公然と法律を破ってもよい」という実例を作ったからです。禁酒法がなければ一生涯、法律違反をしないような人が、現実に「違法行為の体験」をしたのです。

人からお金を借りれば、返さなければならないのは当然です。しかし、一度でも「お金を借りて返さなくても何とかなる」という経験をすると、次からは「返したくない」という感情が働きます。それと同じように、禁酒法はアメリカ社会の遵法《じゅんぽう》精神そのものを破壊したといえます。

この問題も、大麻と社会を考えるにあたって重要です。なぜなら、普通の学生が大麻取締法を通じて「犯罪人」の仲間入りをしてしまうからです。

法律を作る時には、冷静かつ論理的に、国民の性質や人生を考えて慎重にやらなければならないという一つのよい例でしょう。

あまり結論を急いではいけませんが、日本の大麻取締法について考えるときに、このアメリカの禁酒法の成立過程とその取り締まりの歴史が、とても参考になります。

【第三話　禁酒法から大麻課税法へ】

＊捜査員の再就職先

アメリカの禁酒法が廃止されたのが１９３３年。そして大麻規制の法律（正しくは大麻課税法）ができたのが１９３７年。その間４年です。

この時期には何が起こったのでしょうか？

少し遡《さかのぼ》りましょう。１９２０年に禁酒法が施行されたことで、警察は取り締まりを強化せねばなりませんでした。どんな欠陥のある法律でも、それを守らせるのが警察の仕事ですから、なかなか大変です。

そのためには、まず取り締まりをする人間が必要です。テレビや映画では、マフィアの大物アル・カポネを追う連邦警察ＦＢＩがクローズアップされましたが、実際には小さな酒屋さんや禁酒法の網をくぐろうとする個人の取り締まりが数の上では中心でした。何しろ相手はお酒ですから、監視対象は国民全員です。それには多くの捜査官が必要でした。

一方、闇ルートには、ピストルを持ったギャングが登場します。雇用された膨大な数の捜査員は、毎日、自分の命を的にして取り締まりをしたことになります。

ところが、命を張って取り締まりをしたのに、禁酒法はたった13年であっさり廃止されました。でも、禁酒法の廃止と同時に別の新しい犯罪が急に増えるということはありません。

実際、禁酒法の廃止にともなって捜査員が大量に余るという事態が生じました。仕事がなくなれば、クビになるしかない。

法律を作れば、違反する人を取り締まらなければならない。それがどんなに奇妙な法律でも、法は法だからです。そして相手がギャングともなれば、命がけです。ところが一転、お酒の売買は自由になったわけですから、取り締まりに命をかけた人たちも切なかったでしょう。

そこで、痲薬などを取り締まるお役人の偉い人は、苦労した捜査員に何とかしてあげたいと思ったと考えられます。

　禁酒法の廃止から大麻課税法制定までの4年という期間には、そういう意味があったのです。少し表現に問題はありますが、「失業対策のために大麻を悪者にした」という側面がありました。

　禁酒法の成立時には大陸から移ってきたドイツ人などが悪者でしたが、大麻課税法制定の裏側には、メキシコなどから移ってきたヒスパニック系の人たちに対する感情的な反発がありました。つまり、禁酒法で活躍してくれた捜査員の仕事先は見つかるし、もともとヒスパニック系の人たちが街に進出してくることを快く思わない人たちは、これ幸いとマリファナを敵にしたのです。

＊科学の欠席裁判

　しかし、この大麻を取り締まるための法律ができる前後、大麻は必ずや社会に害を及ぼすということを医学的・科学的に立証したデータは、19世紀のイギリスの委員会のものしかありませんでした。圧倒的に情報が不足していたのです。

　そして、禁酒法の時代、20世紀前半の社会情勢は、今のように落ち着いたものではありませんでした。第一次世界大戦後も戦争は続き、ヨーロッパではナチスが台頭し、アジアや中東の情勢も不安定でした。ですから、たかだかアメリカ南部のタバコの一種などについては、社会の関心も薄く、研究が進むということもあり得ませんでした。

そこに目をつけたのが、先ほど登場したアンスリンガーです。一般に「信念の人」とか「策士」と呼ばれる人には、ある特徴があります。それは「事実そのものより、自分が信じていることを、手段を選ばず実施する」ということです。頭がよく、確信がある人ほど、影響力のあることをするものです。

アンスリンガーが始めた「マリファナ追放キャンペーン」は相当なものでした。アメリカは新聞が発達していましたから、新聞での広報はもちろんのこと、大いに普及していた映画なども使って、「マリファナは人格を破壊する」という宣伝を始めたのでした。

この映画に登場したのはメキシコ人ではなく、白人、それも多くは若者でした。まず、若者がマリファナに染まり、最初は快楽に酔う様がスクリーンに映し出されます。そして、次第にその若者はボーッとした顔つきになり、最後には凶暴になって人を殺します。こういう筋書きの映画が、多数作られたのです。この映画は、宣伝として効果的でした。

この時期のキャンペーン映画を、マリファナのことを少しは知っている人が見たら、一目で、マリファナと関係のない俳優が、単に「演技」をしていることがわかります。しかし、当時、ほとんどの人がマリファナのことを知らなかったので、その演技を信じこんでしまったのでした。

このような手法は現在でも多用されています。たとえば環境問題に関連する映像に女優さんや子どもたちが登場して「地球の危機」を訴えるのです。人間は感情の動物ですから、女優さんの迫真の演技や子どものあどけない顔を見ると、つい「こんなひどいことが!」と思ってしまいます。でも、実は女優さんや子どもたちが難しい問題を理解しているわけではなく、誰かにいわれてやらされているだけです。その誰かは映像には登場しません。

「マリファナ追放キャンペーン」映像でも、本当にマリファナを吸って精神がおかしくなった人が登場したのではなく、俳優がそういう役回りを演じていただけでした。少し厳しい言葉を使えば「ウソ」を映画にしたといえます。

医学的に根拠のない中毒症状の映画や宣伝を流して、世論をあらぬ方向に持って行くことは、常に行われています。たとえば、日本のテレビでも、結合双生児の映像を繰り返し流し、「ダイオキシンが原因で……」などと解説していたことがありました。これも、因果関係のハッキリしない映像を使って恐怖心をあおるという一種の世論操作です。

未知のものに対する人間の恐怖心を巧みにあおり、社会的ヒステリーを作り出そうとするとき、ナチス・ドイツもそうでしたが、マスメディアや映画などを繰り返し使うのが有効です。


アメリカの世論は、アンスリンガーの扇動に乗ってマリファナ追放に乗り出します。

マリファナ課税法が連邦議会に提出される頃になると、誰も「マリファナは安全だ」などと口に出せなくなりました。

これは、テレビ朝日が所沢のほうれん草がダイオキシンに汚染されているかのように報道した時に、「ダイオキシンの毒性は低い」などといったら袋だたきにあうのと同じような雰囲気だったでしょう。

私も、日本でリサイクル熱が頂点に達していた頃、ある歴《れっき》とした学会で、純粋に学問的な計算を元に、「リサイクルに使用する資源量」の発表をしただけで、会場から「売国奴!」と声をかけられた経験があります。あの時のショックは忘れられません。

こんな状態でしたから、法律の審議に入ると、アメリカ合衆国の連邦議会は、大麻の痲薬性、習慣性などはほとんど議論せず、とにかく大麻に大きな課税をして実質的に使えなくするという法律（「大麻課税法」）を、「科学の欠席裁判」といわれる状態で可決したのです。たびたびダイオキシンの例を出して恐縮ですが、東京大学医学部の和田攻教授（２００１年当時）が「ダイオキシンはヒトの猛毒で最後の発癌物質か」という論文を発表し、そこで「ダイオキシン騒ぎは科学の力の弱さにある」という意味のことを書かれました。それと同様に「科学が欠席」したのです。

人体に対する影響を検討するのがもっとも重要なはずなのに、科学的・医学的審議はなく、「ここまで大麻追放の世論がわき上がっているのだから、審議しても無駄だ」ということになったのです。

＊「大麻禁止法」ではなく「大麻課税法」

禁酒法の成立時にはウィルソン大統領が署名しましたが、大麻課税法ではルーズベルト大統領が署名しました。

この法律の内容は、大麻を使うには法外な税金を納めなければならないというものでした。ですから形式的には、税金を納めれば大麻を扱うことはできたのですが、実際には、「大麻に課税したことを示す証明書」は一度も発行されていません。つまり、表面的には課税法ですが、実質は禁止法だったのです。

禁酒法が「お酒を飲むのはよいが、作ったり、運んだり、売ったりしてはいけない」という変な規則になったのは、お酒がそれほど社会的な害をもたらさないので、そこまで規制できない、という事情があったことは前述しました。

マリファナの場合も、「マリファナで何か社会的な害が生じたか?」と聞かれると困るので、全面的な禁止ではなく、形式上「税金を払えばよい。倫理的には大麻は悪くない」という中途半端な規制になったのです。

人間は噂に弱く、パニックになることもありますが、その半面、事実ではないことには納得しないという優れたところもあります。その人間の特性が、全面禁止という強い規制をかける方向では一つのブレーキになり、また、大麻が医学的・科学的に悪いかどうかハッキリしないのに規制するという点で、混乱の原因も作ったのです。

つまりマリファナの場合、身体的な害毒、社会的な影響が明確には証明できないので、「大麻禁止法」ではなく「大麻課税法」になり、財務省が課税証明書を出さないことで実質的には禁止するという不透明な形になりました。

＊石油産業の謀略

ところで、大麻課税法が議会で可決された裏には、当時、ようやく合成繊維の実用化の目《め》途《ど》がついてきた石油化学業界からの圧力もありました。

現在では、石油が枯渇しそうだということで、石油に代わって自然からとれるものを大切にしようとしていますが、当時はまったく正反対に、「何とかして自然からとれるものを排除して、石油化学を育成しよう」という機運がありました。

そのため、大麻をはじめとした「自然からとれるもの」、さらには大麻のように「容易に栽培できる作物」を排除する力が働いたのです。

建国当時のアメリカでは、大麻は重要な資源として使われていましたが、日本と同様に痲薬として使われることはありませんでした。その後、奴隷による綿花栽培が盛んになり、大麻産業はその力を弱めていくわけですが、この時の状態は、ある意味「奇妙」だといえます。

イギリスから移民してきた初期のアメリカ人は大麻を栽培していましたが、戦前の日本人と同じく、マリファナとして吸う習慣はありませんでした。ですから、「マリファナを吸う」

という社会現象が出現するためには、マリファナが存在するだけではなく、別の要因がなくてはなりません。

また、歴史的に、日本人もアメリカ人も大麻に対して同じ反応をしているところを見ると、人種的な嗜好の差ではなく——もしかすると、メキシコやアフリカ出身の人についても——、社会の構造や社会的なある要因が、マリファナの問題を起こしている可能性があります。

話を戻すと、このような石油化学業界の動きも、大麻課税法が成立した一つの大きな要因になったと考えられています。企業人は、自分が収益をあげることができれば、時に社会的な正義をどこかに置き忘れても平気になる瞬間があるようです。

石油化学、特に石油から作られる合成繊維やプラスチックが優れた製品になったのは、デュポンの研究員だったカロザースがナイロンを発明してからで、当時、最高の繊維とされていた日本の絹を、質や価格で上回るようになったばかりでした。すなわち、大麻課税法が成立した時期は、奇《く》しくもカロザースのナイロンの発明があり、石油化学に大きな夢が生まれていた時代でもあったのです。

当時、カリフォルニア大学の研究員だったジャック・ヘラーは、『裸の王様』という著作の中で、大麻課税法の成立は「石油産業の謀略」だと書いています。合成繊維が誕生した直後のことですから、この記述にも頷《うなず》けます。

ところで、社会は複雑なようで単純なところがあり、石油がたっぷりある時代には、その石油が100年も経たないうちに、枯渇するなどということには思い至らず、新しい資源としての石油に夢をかけて「石油を使え、石油を消費しろ」という大合唱となりました。

そしてそれからわずか70年後には、まるで数百年前から言われていたかのように、「持続性資源を使え!」とヒステリックに叫ぶのですから、面白いものです。

＊戦争が起こらなければ……

ここで、禁酒法と大麻課税法の成立前後のアメリカの状況を、少し大きな歴史の流れから振り返って見ましょう。

20世紀の前半は、これまで人類が経験したこともないような大きな戦争が二度もありました。その一回目、つまり第一次世界大戦が終わった1917年に、禁酒法は制定されたのです。主戦場となったヨーロッパでは、ドイツの賠償問題やナチスの台頭と、政治情勢がめまぐるしく変化し、アメリカでは1929年に大恐慌があり、経済が大きく混乱しました。

そして、再び次第に戦雲が広まり、ドイツではヒトラーが絶対的な権力を持つようになりました。アジアでは日本による満州国の建国があり、1937年に日中戦争が勃発しました。そんな時期に禁酒法が廃止され（1933年）、大麻課税法が可決された（1937年）のです。

ヨーロッパ系移民の増加→お酒をよく飲むドイツ人→第一次世界大戦→アメリカの参戦とドイツとの戦争→禁酒法の制定→大量の取り締まり→石油化学の勃興→ヒスパニック系移民の増加→ギャングの横行→マリファナ・タバコの流行→禁酒法の廃止→大量の取締官の失職→大麻課税法の成立→第二次世界大戦への突入……とめまぐるしく時代は回転していきました。

大麻という数奇な運命を持つ植物は、この荒波にもまれて、気がついたらいつの間にか「痲薬」となっていたともいえるでしょう。

大麻課税法が成立した二年後に、第二次世界大戦が始まりました。アメリカは真珠湾攻撃（1941年）をきっかけに参戦します。戦線が拡大し、ヨーロッパ戦線と太平洋戦線に次々と自国の若者を送り込んでいたアメリカは、大麻どころではありませんでした。

そんな状況下で、大麻課税法は時間の流れとともに社会に定着し、いつの間にか「大麻は痲薬の一種」になったのです。

歴史に「もし」は禁物ですが、大麻課税法の直後、もし第二次世界大戦が起こらなければ、アメリカ社会は、もう少し大麻について慎重に考えたかもしれません。

ロシアの文豪トルストイが書いていることですが、すべての人は——あのフランスのナポレオン皇帝ですら、歴史の子であり、決してそこから逃れられないからです。

人類初めての大麻の総合的な規制は、アンスリンガーというキャンペーン好きのお役人が、自分の部下の就職先を探すために作り出したのかもしれず、またヒスパニック系の移民を排斥しようとするアメリカの社会の気まぐれかもしれず、第二次世界大戦前の騒然とした世相に押されたのかもしれません。

でも、一度、制定された大麻課税法は、それ自体が独立、成長し、一人で歩き出し、そして戦後の日本に上陸したのです。

3　大麻騒動、日本に飛び火

＊大麻の「麻」と痲薬の「痲」をまちがえた?

アメリカで１９３７年に成立した大麻課税法は、その後、約10年で日本に上陸します。日本とアメリカが全面戦争に突入したのは、１９４１年12月８日の真珠湾攻撃が発端です。それから４年間、日本は死力を尽くして戦いましたが、敗北して無条件降伏し、日本はアメリカ軍に占領されました。後のサンフランシスコ講和条約の締結まで、日本という国は一時的にせよ失われたのです。

戦後しばらく、日本はＧＨＱと呼ばれる連合国軍総司令部の支配下にありました。昭和20年、ポツダム緊急勅令（勅令第５４２号）をもとにした「ポツダム省令」が発せられます。このＧＨＱの指令によって日本名「麻薬原料植物ノ栽培、麻薬ノ製造、輸入及輸出等禁止ニ関スル件（昭和20年厚生省令第46号）」が出され、ここに日本列島では歴史上初めて「大麻は麻薬」であるとされました。

この指令は、日本にとっては青天の霹靂《へきれき》でした。なにしろ、縄文時代以来、普通の作物として何疑うことのなかった大麻草の栽培が、全面的に禁止されたのですから。

ここで一人の日本人に登場してもらいます。

10年にわたって内閣法制局長官を務めた林修三さんです。彼は後に長年の日本国に対する勲功で、勲一等旭日大綬章を受章されていますが、戦後の混乱期に大麻取締法ができた前後のことを次のように述懐しています。

「終戦後、わが国が占領下に置かれている当時、占領軍当局の指示で、大麻の栽培を制限するための法律を作れといわれたときは、私どもは、正直のところ異様な感じを受けたのである。先方は、黒人の兵隊などが大麻から作った麻薬を好むので、ということであったが、私どもは、なにかのまちがいではないかとすら思ったものである。大麻の「麻」と麻薬の「麻」がたまたま同じ字なのでまちがえられたのかも知れないなどというじょうだんまで飛ばしていたのである」

この歴史的証言は、「時の法令」（昭和40年4月、Ｎｏ・５３０）に「大麻取締法と法令整理」という題名で掲載されています。ちなみに、この雑誌の販売価格は65円です。

この証言で、当時の――といっても今からたった60年ほど前のことですが――日本人が大麻という植物についてどのような感覚を持っていたかがわかります。それは、現代の日本人……大麻と聞くと、何かとても恐ろしいもののように感じてしまう日本人とあまりにも違うのです。

林さんはGHQの指示を受けて「私どもは、正直なところ異様な感じを受けたのである」、さらに「私どもは、なにかのまちがいではないかとすら思ったものである。」といっておられます。現在の日本人なら、むしろ「大麻を規制しない」ことの方が「異様」に感じられるでしょう。

会話の記録は残っていませんが、おそらく次のような会話が交わされたのではないでしょうか。


――えっ！　大麻!?　ケシかアヘンの間違いじゃないか？　大麻ってアサだよ。

――ええ、そうなんですが、調べたらアメリカには大麻課税法というのがあるらしいんですが。

――それでもおかしいな。あっ！　そうか。大麻の麻という字と痲薬の痲という字を間違えたんじゃないか、通訳はしっかりしているのか？

何回か確認して、日本側もやっとGHQが本当に大麻を問題にしていることがわかったと思われます。

何しろ、大麻を吸う習慣などまったくありません。しかもあちこちに大麻畑があるだけでなく、戦争中は、パラシュートなど軍隊の資材として、日本政府は大麻の栽培を大いに奨励していたのです。それを突然、禁止するといわれたら、戸惑う方が当然です。

＊「目的」のない法律

でも歴史は、大きな流れとなって驀進していきます。

最初のGHQの指令による法律ができた2年後、同じポツダム省令に基づいて、大麻をその他の痲薬と切り離した「大麻取締法施行規則（厚生省・農林省令第一号）」が成立しました。

最初の省令では、大麻は全面禁止でしたが、アメリカ軍も日本の風習を勉強して、全面的な禁止は無理であることを知り、許可制になり、大麻草の栽培が一部は認められ、大麻の輸入・輸出・所持・販売等が規制されるに至ったのです。

それでも、この法律の立法の趣旨はあまりはっきりしていません。普通の法律には「目的」の条文があるのですが、大麻取締法には法律の目的が書かれていないからです。

この法律に目的が書かれていないのは、その成立過程を考えると当然です。なんといっても「目的があって法律を制定した」というのではなく、「占領軍に命令されて作った」というのが事実だからです。

私はありのままを書く主義ですから、私なら「日本として大麻を禁止する必要はないが、GHQに逆らうことはできないから法律を制定する」と書いたでしょう。

林さんが「黒人の兵隊などが大麻から作った痲薬を好む」と言及しておられるように、「占領している外国人のための法律」と解釈することもできます。

占領軍から指示を受けた林さんはそのように受け取りましたし、現在でもそのような解釈はありますが、私は、歴史の全体像から見ると違うと思います。

もともと、占領軍の中に大麻課税法成立の経緯に詳しい人はいなかったと思われます。GHQとしては日本を占領している間に、できるだけ「日本のアメリカ化政策」を進めようとしていました。ですから、大麻に関するGHQ指令も、その一環として行われたと考えています。つまり、アメリカにある法律だから、日本にも必要だろうという程度の考えだったのでしょう。

でも、大麻取締法は最終的に日本の国会を通過しているのですから、日本の法律です。国会で若干の議論はありました。ただ、アメリカで大麻課税法が成立したときと同様、医学的・科学的な議論は皆無でした。

その時の国会の議論は、古来日本は大麻を大量に製造してきたこと、戦時中は軍部が丈夫な繊維がとれて育ちやすい大麻の栽培を奨励したこととの整合性をどうするか、また、大麻栽培農家の保護をどうするか、などに集中していました。

大麻は痲薬性があるのか、取り締まるべき植物なのか、さらには社会的に罰するほどの害毒をもたらすものなのか――という本質的な議論ではなく「進駐軍の指令は前後のつじつまが合っているか」ということだけが、審議されたのです。

かくして、日本で突然、大麻という植物は取り締まりの対象になりました。

その立法の過程を整理すると、アメリカでアンスリンガーが大麻追放のキャンペーンを張った↓マリファナが薬物であるかどうかわからないうちに法律ができた↓戦争で負けて占領された↓日本のアメリカ化政策のもとでＧＨＱが大麻取締法を作らせた、という流れが確認できます。

【第一結論】

本書の第一の結論は、次のようにまとめることができます。

「ヨーロッパの一部の国では、人体や社会に対する大麻の影響を考慮して大麻の規制の程度を決めている。ところが、日本とアメリカは行きがかりで法律を作った。今まで日本では、大麻を法律で規制すべきかどうかの科学的、社会的な検討がなされていない。特に、日本人の目から見ると、大麻を規制することは、日本の長い歴史の伝統に反する」

＊60年で何が変わったのか？

以上のような大麻取り締まりの歴史を振り返ると、最近のマスメディアの報道との間の断層の深さを考えさせられます。

法律があるのですから、違反すれば逮捕されるのは仕方ないにしても、それを一般的な犯罪と区別して、極悪人のように報道する根拠があるのでしょうか。

たとえば、ＮＨＫの「クローズアップ現代」という番組は、若者の大麻保持について、かなり強い報道をしました。ＮＨＫは慎重に番組を制作しますから、おそらく、大麻とその取り締まりに関する歴史的事実を承知の上で、大麻に対して厳しい見方を打ち出したのでしょう。

　ということは、60年前と今では、何が変わったのでしょうか？　大麻という植物が変化したのか？　それとも学問が進歩して、人間に対する新たな大麻の影響がわかったのか？　日本の社会自体が、何か別の方向に変化したのか？

　これだけ方向や感覚が大きく変化するには、何か理由があるはずです。

　もし先の番組に、元法制局の林さんが出演して「大麻の取り締まりは、何かの間違いでしょう」と言われたら、番組の結論は１８０度変わっていたかもしれません。

　大麻について、この60年間に何が起こったのか、私は強い興味を感じます。

＊日本人の手で行われた改定

　少し細かい周辺の知識になりますが、ここで、日本の「痲薬」と「大麻」の規制について触れておきたいと思います。

　痲薬が国際的に規制の対象になったのは、それほど古い話ではありません。20世紀の前半、１９２５年に第二次アヘン条約が結ばれ、その条約に合わせて、日本国内では１９３０年に「痲薬取締規則」が制定されました。

その中で「印度大麻草、その樹脂、及びそれらを含有するもの」の輸出入が許可制になりました。印度《インド》大麻については、次章で説明しますが、精神作用を持つカンナビノール（正式名は次章で示します）という化合物の含有量が、大麻草の中でも多く、精神的な影響が考えられたからです。

当時、日本で育つ大麻はカンナビノールが少ないので、規制の対象になりませんでした。前述のように、その栽培はむしろ奨励されていました。

「大麻（草）」は植物の名前であり、痲薬（化学物質）を指す名前ではないので、自ずから違います。つまり、植物として、印度大麻のように精神作用があるものと、日本に多く自生していた「日本大麻（こういう名前はありませんが）」のように精神作用がないものがあるということです。だから「痲薬取締規則」ができて「印度大麻」という植物の種類は規制される一方、「日本大麻」の栽培は奨励される。これは十分に理解できることです。

この第一回の規制は戦前のことで、日本政府は伝統や習慣などを考慮して、独自に判断していたものと考えられます。

ところが、戦争が終わって様相が変わってきました。先ほど説明したとおり、まず「大麻取締法」が、戦後の占領時代にＧＨＱの命令によってできました。

その後、「大麻取締法」は日本人の手によって何回か改正されます。

まず、1951年にサンフランシスコ講和条約が締結され、日本が独立した後の1953年に、大麻の定義が「大麻草及びその製品」と改められ、「種子」の規制が外されました。

その10年後には、罰則の法定刑が引き上げられました。

続いて、1990年の改正で栽培・輸入・輸出・譲渡し・譲受け・所持等についての営利犯加重処罰の規定、および、未遂罪、栽培・輸入・輸出についての予備罪及び資金等提供罪、周旋罪が新設されました。どちらかというと、大麻に関する規制の程度は、日本が独立してからの方が強くなっています。

戦後60年以上を経て、大麻取締法の内容は、日本人自身が決めた部分が多くなっています。GHQの指令を受けた時には「何かの間違いでは？」と思った日本人が、その後、実質的に大麻の取り締まりを認め、法律を厳しい方向へ改正しています。ですから、すでに現在では、占領軍の指令だけで作られた法律とはいえないところもあります。

占領軍が引き揚げて、自らの国を自ら運営するようになった後、日本人は日本古来の伝統を棄《す》てて、自ら大麻の規制を始めました。そこにはどういう事情があったのでしょうか？

次の章から、さらに深く大麻のことを調べていきたいと思います。

第二章　大麻とは何か？

前章では大麻がアメリカで規制され、さらに日本でも厳しい取り締まりの対象になった経緯を、大きな歴史の流れの中で整理しました。それによって、全体として大麻が痲薬性のあるものとして規制されてきたことはわかったのですが、そのことと、２０００年もの間、日本で何の制限もなく大麻草の栽培が行われ、大麻製品が使われてきた事実との間には、まだ深い溝が横たわっています。

この二つの整合性をとるためには、大麻という植物のこと、健康への影響、そして大麻と関係する日本文化のことを知らなければならないようです。

そこでこの章では、順を追って個別の知識を整理していきたいと思います。

1　植物としての大麻

＊かつては「麻という繊維がとれる植物」だった

大麻は「麻」です。綿や絹と並んで、太古の昔から使われてきたごく普通の植物の一種です。

世界で麻と呼ばれる植物は二〇種類ほどありますが、日本人になじみの深い麻となると七種類です。

それらの普通の呼び名と、別名をカッコの中に示しますと、大麻草（ヘンプ）、亜麻（リネン）、苧麻（呼び方はチョマ、別名ラミー）、ジュート麻（黄麻）、マニラ麻（アパカ）、サイザル麻（サイザル・ヘンプ）、そしてケナフ（洋麻）となります。

いずれの麻も、一年草か多年草です。一般的に人の背丈より高くまで育ちますが、木ではなく、草の一種です。

また、「植物学的」には異なる「科」に属すものもあり、分類も時代によって変化しています。たとえば、大麻はかつてクワ科に分類されていましたが、現在では、アサ科に属しています。

つまり、「麻」という名前は、植物学的な分類ではなく、「麻という繊維がとれる植物」という意味で使われていたのです。それが、植物学的な分類が一般的になると、「形や育ち方、どのように進化してきたか」という視点で分類されるようになりました。最近ではＤＮＡによって分類されますので、従来の用途としての分類や植物学的な分類からかなり変化してきています。

人間の生活で「利用する立場」からの分類と、進化による分類が少し違うのはよくあることです。このことも、麻の分類や大麻について誤解を招く原因の一つになっています。たとえば、環境に興味のある方は「ケナフ」という植物の名前を聞いたことがあると思います。

ケナフは麻の一種で、育てやすく、成長速度も速く、背丈もほぼ大麻と同じで、見かけはほとんど大麻と異なるところはありません。専門家でなければ、大麻とケナフの区別はつかないほどです。

そして、大麻もケナフ同様に育てやすく、生育が速いので空気中のCO_2を固定する役割を果たし、繊維や紙などにも広く使えます。名前から受ける印象が違うので、現在では「大麻」というと恐ろしく、「ケナフ」というと環境に優しい感じがします。でも、じつは両方とも「環境によい作物」といえるのです。

大麻は、稲と同じような花びらのない花が咲かせますが、ケナフは綺麗な花をつけます。花からできる「実」については、見かけと反対で、ケナフの実は普通、食用になりませんが、大麻の実は食用としても重宝され、さまざまな用途に使われます。

さらに複雑なことに、現在の日本では、大麻取締法との関係で、大麻は「麻」と表示されません。衣類などに使う場合、亜麻と苧麻だけを「麻」として、他は「アサ」という二文字の名称を使っています。その意味では、法律が植物学に影響を与えているといえます。

以上「麻」の種類をざっと説明してきました。一般的に「麻」と名前がついているものは、大麻の親戚と考えてもいいと思います。

＊さらに大麻草は三種類に分けられる

さて、「大麻草」自体も一種類ではなく、少なくとも三種類あるとされていました。これは「植物学的」な分類ですが、インド産、日本産など栽培された場所で分けたり、伝統的な呼び名で分けたりする場合もあり、複雑です。

それらを勘案して次のように説明しておきます。

まず、大麻という植物は、学名で「カンナビス・〇〇〇」と呼ばれるもので、後ろの〇〇〇というところに「サティバ・エル」「インディカ」「ルーディラス」という名称のついた三種類に分けられていました。

この分け方は「見かけ」だけで、茎の形が違うものを昔の植物学で分類したものですから、現在はいずれも「カンナビス・サティバ・エル（Cannabis Sativa L）」と統一され、その他のものは「亜種」とされています。

その結果、戦前には日本で自生する大麻とは別のものとして取り締まりの対象になっていた「印度大麻」は、現在では植物学的にも法律的にも、日本で育つ大麻と同じ（少し違うという意味で「亜種」という）とされています（昭和57年9月、最高裁判所決定）。

でも、植物学を勉強するなら別ですが、大麻は痲薬かという本質的なことを知るには、あまり分類などの詳細に首を突っ込まない方がいいでしょう。

むしろ、「精神作用のある化合物（カンナビノール）を多く含む大麻は嗜好品として使われる傾向があり、カンナビノールの少ないものは、繊維など実用品として用いられていた」と、その本質を理解しておくことが大切だと思います。

2　含有物から見た大麻

＊「テトラヒドロカンナビノール」＝ＴＨＣ

大麻には、前節のように「見かけ」や「進化の過程」で分類する方法もありますが、もう一つ、含有物の量で分ける方法があります。そして、これこそが大麻の取り締まりに深く関係してきます。

大麻の中には、前に少し触れましたが、人間の精神に影響のある化合物「テトラヒドロカンナビノール」というものが含まれています。この化合物は、通常〝THC〟という略名で呼ばれます。

化学的には、「カンナビノール」という化合物の五つ（テトラ）の場所を、水素（ヒドロ）で少し構造を変えたもの（化学的には「置換されている」という）という意味です。

「カンナビノール」の語尾の「ノール」は、アルコールに似た部分が構造の一部にあるところから、そうついています。

つまり、「カンナビ」が中心の形で、それがアルコール的な構造を含んでいるので語尾に「ノール」をつけ、さらに五つ（テトラ）の水素（ヒドロ）が置換していることから、「テトラ・ヒドロ・カンナビ・ノール」という名前になっているわけです。

ところで、大麻に関する用語は、どれもこれも色がついてしまい、使いにくい面があります。そこで、本書では大麻の中に含まれる精神的な作用をするTHCのことを「カンナビノール」と呼ぶことにします。

つまり、本書で「カンナビノール」と呼ぶものは、大麻でも、マリファナでも、ハシシでもなく、大麻の中に含まれる精神的な作用のある化合物だということです（カンナビノールを含まない大麻もあります）。

カンナビノールは、アルコールやタバコ、コーヒー、アヘン、コカインなどと同じように、その効果の程は別にして、精神的な作用を持つのは確実です。また、同時に医療用の薬品としても重要なものの一つです。

＊「カンナビジオール」＝CBD

さらにややこしいのですが、大麻には精神的作用を持つカンナビノールの他に、「カンナビジオール（ＣＢＤ）」という化合物が含まれています。

カンナビジオールは、カンナビノール同様、「カンナビ」という基本的な構造を持っています。そして、「ジ」は二つ、「オール」はアルコールに似ている部分のことを示していますから、アルコールのようなものが二つ含まれているということです。つまり、カンナビを中心に、二つのアルコールのような構造を含んでいるわけです。

精神的作用を持つカンナビノールと、このカンナビジオールは、骨格は同じで、手足が違う兄弟のようなものと考えればいいでしょう本書では区別をしやすくするために、カンナビジオールのことを単に「ジオール」と呼びます。

さて、このジオールですが、カンナビノールとともに大麻草の中に含まれていますが、人間に対しては反対の影響を与えます。つまり、カンナビノールの精神的作用を、ジオールが打ち消す働きをするのです。したがって、カンナビノールが含まれていても、それ以上のジオールがあれば、ほとんど精神的効果が見られないということになります。

かつては、大麻のタバコを吸って何となく気持ちが落ち着いたとしても、その原因が大麻に含まれるカンナビノールであるとは、誰も考えませんでした。

単に、「大麻を吸うと心が落ち着く」とか、「インド産の大麻は美味しいけれど、ほかのは吸ってもさっぱりおいしくない」などと、産地などで区別していたのです。「南の方でとれるやつはいいよ」と耳打ちするようなものです。

でも、近代科学が進歩すると、「なぜ、インド大麻は効くのに、ほかのは全然効かないのだろう?」という疑問が生じ、研究が行われ、カンナビノールやジオールという化合物が大麻から抽出され、普通の化合物の仲間入りをします。

つまり、人間が古くから使ってきた大麻という植物は、完全に「近代科学で理解できる植

分　類	化合物の比率	特　　徴
薬　用	カンナビノール＞ジオール	カンナビノールが2～6%と高く、ジオールが少ない
中　間	カンナビノール＝ジオール	同じぐらいの含有量
産業用	カンナビノール＜ジオール	カンナビノールが0.25%未満

※カンナビノール含有量の測定は、ヘンプの開花直後の花穂と葉を基準としている。
出典）『大麻の文化と科学』より作成

表1　大麻の品種

物」になったわけです。そこで「なぜ大麻が、ある面では繊維だったり、七味唐辛子のうちの一つだったり、痲薬のようなものになったりするのか?」という疑問が解けてきたのです。

現在では、インド大麻に代表される「カンナビノールが多い大麻」と、日本大麻のように「カンナビノールが少ないか、ほとんど含まれておらず、かえって精神的作用を抑えるジオールが多い」ものがあることがわかっています。

そして今では、カンナビノールを多く含むものを「薬用」、少ないか、ほとんど含んでいないものを「繊維用」と読んで区別しています（表1）。

このように、大麻の区分も名称も、国によって時代によって、しょっちゅう変わっています。ですので、あまり細かい名前や定義にこだわらず、ざっと「こんなもの」と理解しておく方が、全体像をとらえやすいでしょう。

つまり、基本的に大麻の精神的作用は、その大麻にカンナビノールがどのくらい含まれているかという「絶対量」と、カンナビノールとジオールのどちらが多いのかという「割合」の二つで区別できるのです。

ここで、この本の二番目の重要な結論が明らかになります。

一番目は、歴史的に整理すると、「大麻が痲薬であるかどうかを、日本は一度も判断したことがない」ということでした。


【第二結論】


二番目の結論は次のとおりです。

「大麻が痲薬かどうかという議論は、あまり意味がなく、むしろ混乱を呼ぶ。現代はすでに『植物』と『その中に含まれる化合物』を科学的に分けたり、分析したりできるので、『大麻』が問題なのではなく、精神的作用を持つ化合物『カンナビノール』に注目しなければならない」。

つまり、「大麻汚染」というと、薬効成分がまったく含まれない単なる「麻がとれる植物」も「汚染」されているということになり、普通の人がなかなか理解しにくくなります。

また厳密には、日本の法律（大麻取締法）でも、立法の時にはすべての大麻を取り締まりの対象にしているわけではなく、当時の分類で「カンナビス・サティバ・エル」という種に限定しています。

次に整理しますが、もともとカンナビノールという薬効成分を規制するのに、大麻という植物を使用したので、あれこれと矛盾がありますが、あまり細かいことに気をとられないほうがいいと思います。

＊大麻草は痲薬ではない

この植物の種類と薬効成分の関係を、「ケシの花とアヘン」で示してみます。

アヘンという非常に有名な痲薬は、ケシの花からとります。そして、アヘンからヘロインなどの強力な痲薬を作ることができます。

ところが、アヘンは「すべてのケシの花」からとれるわけではありません。アヘンがとれるケシの花と、アヘンとは関係のないケシの花があります。

ケシは、アヘンをとるためのケシ（アヘンケシ）と、花を楽しむためのケシ（園芸用のケシ、たとえばヒナゲシ）に区別されています。アヘンやヘロインという「化合物」は痲薬として規制されていますが、アヘンの原料がケシの花からとれるからといって、「ケシは痲薬だ」という人はいません。

ケシは植物の名前であり、アヘンやヘロインは痲薬の名前です。

同様に、「大麻草という痲薬」などというものはありません。大麻草はあくまで植物としての麻の一種であり、「痲」を「麻」と書くのは間違いです。

繰り返しますと、

「大麻草は痲薬」ではありません。

「大麻草は植物」です。

このような錯誤は、社会現象として、たまに見られることです。

第二次世界大戦前に、ドイツのヒトラーがいい出した「ユダヤ人は劣っている」という妄言もこの類のものです。

「ユダヤ人」というのは民族の呼び名です。ある意味「日本人」「アメリカ人」という言い方と同じであり、後に続く「劣っている」とはまったく関係ありません。もともと関係のない言葉をつなげただけです。

「白人は肌の色が白い」というのは問題ありません。白人というのは色が白い人の呼び名だからです。それと同じように「大麻は麻の一種である」というのも論理的に正しい。でも、それを一歩踏み出して、「白人は獰猛だ」というのはおかしい。

「○○県人は怒りっぽいから採用しない」というのも、ナチスのユダヤ人排斥に似ています。人間の性質は育った環境に大きく依存しますから、もしかしたら特定の県で生まれ育った人には共通の特徴があるかもしれません。しかし、すべての○○県人が怒りっぽいわけではないのはいうまでもありません。会社の方針として「怒りっぽい人は採用しない」というのは成り立つと思いますが、「○○県人は怒りっぽいから採用しない」と公にいったら、たちまち非難を浴びるでしょう。「大麻汚染」という用語の使い方は、それに近いのです。

「大麻」とか「大麻草」というのは、植物の一種の呼び名です。「大麻は植物である」「大麻草から麻がとれる」というのは正しい表現ですが、「大麻草は痲薬である」という表現は不適切です。正確には「カンナビノールは痲薬である」です（科学的には間違っている可能性がありますが、論理的には正しい表現です）。

実は、「カンナビノールは痲薬である」とも、現時点ではハッキリいい切れません。確かに精神的な作用はありますが、それだけでは痲薬にならないからです。

大学生が「大麻汚染」で逮捕されることが続いていますが、大麻の規制自体が論理的に混乱しているので、時には〝無実〟の人を逮捕したりする原因になっています。つまり「ヘロインは痲薬である」というのは、医学的にも経験的にも証明され、多くの人が納得していますが、大麻に含まれるカンナビノールが痲薬かどうかという点については、実はまだ議論の余地があるのです。

そこに大麻問題の混乱があります。大麻が社会的な害毒なら規制する必要がありますが、根拠のない単なる風評の問題なら、規制はよい結果をもたらしません。

＊「痲薬は規制すべき」という点では、すべての人が同じ意見

もう一つの難しさがあります。

「大麻は危険だ」といっている人たちは、実は「精神的作用のあるカンナビノールを多く含む大麻草はいけない」といっているのですが、カンナビノールを含まないか、ほとんどない大麻が大半であることを知らない場合が多くあります。さらに、カンナビノール自身を知らずに「大麻という植物に精神的作用がある」と勘違いしているケースもよくあります。時として、無理解は社会に混乱を与えます。大麻問題はその典型的なものの一つです。

逆に「大麻は規制すべきではない」といっている人たちは、二つのグループに分けられます。

一つは「カンナビノールがゼロか、ほぼゼロの大麻を規制するのはおかしい」と主張している人たち。この人たちの意見は「大麻を規制するべきだ」と表面上は正反対の主張をしている人と同じです。つまり、「カンナビノールには精神的作用があるから、禁止すべきだが、カンナビノールがないものは規制の必要がない」としているのですから。

同じ意見なのに、結論が違うのは、カンナビノールと呼ぶべきところを、「大麻」という言葉で呼んでいる「言葉の使い方の問題」が原因です。

もう一つ、もともと「大麻は規制すべきではない」という別のグループの人たちがいますが、これは「カンナビノールに痲薬性はない」という考えに基づいています。このグループの人たちは、他のグループとは「意見が違う」ということになります。

でも、論理的に突きつめると、三つのグループの人たちは、同じことを言っているような気もします。

まず、三つのグループとも「痲薬は禁止するべきだ」という前提があり、「痲薬になるような大麻は規制するべきだが、痲薬にならなければ問題ない」としているからです。つまり、大麻についてかなり激しい対立がありますが、実はすべての人が同じ考えかもしれないのです。

＊大麻とノンアルコール・ビール

もう一度、たとえ話をします。

「アメリカ人に凶悪犯人がいるから、アメリカ人は全部入国禁止だ」という論理は適当でしょうか？　もちろん不適当ですし、とても危険な論理です。

もう一つ例を示します。

少しスッキリしない例なのですが、大麻のこんがらかった問題を解く、練習のような気持ちで読んでください。

「ノンアルコール・ビール」というのは、言葉としては「アルコールの入っていないビール」を意味します。このような表現は、ノンアルコール・ビールばかりではなく、「ノン・シュガー」など多数あります。そして普通「ノン・シュガー」といえば、シュガー（砂糖）は入っていないと考えていいでしょう。

砂糖を摂取すると病気になる人がいて、その人が「ノン・シュガー」を使っていたのに病気になり、調べてみたら、実は「ノン・シュガー」の中に砂糖が入っていたことが判明したら怒るでしょう。

さて、ある人が「酔っぱらい運転は法律違反だから、ノンアルコール飲料を飲もう」と思って「本当にアルコールが入っていないノンアルコール・ビール」を飲んだとします。その人が自動車を運転しようとしたら、警察官が来ました。

警察官　ビールを飲んで運転してはいけない！

ある人　ビールは飲みましたが、アルコールは入っていないのですが……。

警察官　アルコールがいけないのではない。ビールがいけないのだ！

ある人　?-?-?

大麻取締法の一つの錯覚が、ここにあります。つまり、現実に「カンナビノールが含まれていない大麻が存在する」ということ、もしくは「カンナビノールより、それを抑制するジオールが多い大麻が存在する」ということがあるからです。

これは、実際に「アルコールが入っていないビールという名前の飲料」があるということと同じです。警察官はそれを知っている、あるいは取り締まりにあたってそれを知らなければならないのですから、ビールを飲んだというだけで逮捕するのではなく、その人の血中のアルコール濃度を調べる必要があります。

こんな当たり前の議論が、大麻の取り締まりでは延々と続いています。酔っぱらい運転の取り締まりのアナロジーでいえば、「カンナビノールの量を基準に取り締まらずに、大麻という植物の名前で取り締まっている」ことになります。

これが悪いことかどうかはさておき、今はそうなっているという現状を理解してください。

次に、名前のつけ方の問題があります。

「ノンアルコール・ビール」がややこしいのは、ノンアルコールを謳《うた》っているのに、微量のアルコールが入っているビールもあるからです。本来「ロー（低い）アルコール・ビール」と呼ぶべきものを、ノンアルコールといっているわけです。

このことも事態を混乱させ、結果的に犯罪者を増やすことになります。

警察官　お前はノンアルコール・ビールを飲んだだろう。だから逮捕する。
運転手　ノンアルコールビールを飲んだら、どうして逮捕されるのですか？
警察官　ノンアルコール・ビールにはアルコールが入っているからだ。
運転手　それなら、ノンアルコール・ビールという名前で販売している人を逮捕したらどうですか？

このような話は「前向き」ではありません。

もともと、ごくごく簡単な話――アルコールを飲んで自動車を運転してはいけない――が、規制時の言葉の使い方によって、「罪を犯そうとしていない人を逮捕する」ことになるからです。

＊カンナビノールで規制すべき

私は科学者だからそう思うのかもしれませんが、「事実は事実のまま認めた方がよい」と考える方です。

事実、故・西岡五夫九州大学名誉教授は、世界中の大麻の分析を行って、日本古来の大麻は、カンナビノールがきわめて少ない種だったとしています。

ところが、時代とともに外国からカンナビノールが少し含まれた大麻草が持ち込まれ、それとの交雑で若干のカンナビノールを含んだものが生じたと考えられます。それでも、カンナビノールの量は少なかったので、日本では大麻を吸う習慣はなかったというのが事実です。

現在、さらに品種が改良されて、日本で栽培されている「繊維用大麻」は実質的にカンナビノールを含んでいません。この本の最初に示した大麻畑の大麻を盗んでも、実は「普通の麻」を盗むのと同じことなのです。

「大麻」という分類は、あくまでも「植物」を理解するための分類であり、人間との関係で分類されたものではありません。ある大麻草はカンナビノールを多く持っているし、あるものは持っていない。「大麻草」という分類自体が「カンナビノールの含有量」で決まっているわけではないから当然です。

このことを「ノンアルコール・ビール」の例で説明すると、最初は本当にアルコールが入っていなかったので、それを飲んで自動車を運転してもよかったのですが、そのうち、「ノンアルコール・ビール」という名前だけでアルコールが含まれるようになり、話がややこしくなったということです。「アルコールを含むビールをノンアルコールと表示してはダメ」

とすればそれで終わりです。

大麻についても、カンナビノールで規制すれば大半の問題は解決しますし、逮捕される若者もかなり減るでしょう。

アメリカで大麻課税法が成立したときに流行していたマリファナには、ある程度のカンナビノールが含まれていたと考えられます。そのため「大麻草には薬効成分が含まれている」とされたのですが、それは偶然のことだったともいえます。

いわば、この時の錯覚が今も形を変えて尾を引いているのですが、もう一つ、人間の特性のようなものも関係していると思います。

人間は錯覚もしますし、勘違いもします。知識も無限ではありません。ところが「無謬主義（絶対に自分は間違えないという意味）」というのでしょうか、自分の間違いを認めて謝るのに抵抗があります。

大麻の問題については、現在でもカンナビノールの薬効成分の効果（痲薬としての効果）について、さまざまな議論があります。それはさておき、せめて「大麻草は植物名であり、2000年にわたって大麻を社会に有用な繊維や食料として使っていたのだから、大麻草を規制するのではなく、その中の薬効成分だけを禁止して、その効果を研究したらどうか?・」

という意見ぐらいは出ていたら、混乱はずいぶん少なかったと思います。

3　歴史の中の大麻

さて、大麻に関する論理的な話はここで一休みして、大麻の歴史について書きたいと思います。あることを考えるときに、中心的な部分だけに集中すると視野が狭くなり、意外な落とし穴にはまることがあります。大麻という難しい問題に取り組むにあたっては、結論を急がず、いろいろな方面から見ることが、とても大切だと感じるからです。

*繊維の原料

大麻は、大昔から主に繊維（麻）として使われてきたようで、中国の遺跡から出土した紀元前1万年頃の土器片に、大麻のものと考えられる紐状の素材の圧跡が残っています。

さらに、紀元前1100年頃からの周王朝の古墳の埋葬室から、大麻布の断片が見つかっています。これは、大麻を繊維として使っていた直接的な証拠です。

西の方では、同じ頃、メソポタミア地方のアッシリアの文献で、アジアで大麻が使われていたことが記録が残されています。

大麻の学名は、このアッシリアの文献に記述されていたkunnubu、kunnapuが元になっています。そこからギリシャ・ラテン語のcannabisとなり、それが油絵を描く時の画布、つまりカンバス(canvas)の語源となり、植物の学名としてはCannabis Sativa Lになりました。

大麻の中にはカンナビノールを多く含む種類があり、その薬効は古くから認められていました。たとえば、紀元2~3世紀頃に著されたとされる中国の漢方薬の概説書『神農本草経《しんのうほんぞうぎょう》』には、大麻が便秘、リュウマチ、および生理不順の治療薬として有効であると書かれています。同じように、インドでも鎮静、冷却、解熱効果を持ち、食欲増進、消化を促すなどの効果があるとされていたようです。

「薬草」という言葉がありますが、近代科学の誕生以前から、多くの草を調べて薬効を見つけ、病気の治療や健康の維持に使うということが行われてきました。大麻もその一つとして、何らかの効果が期待されていたのでしょう。

全体として大麻の記録を見ると、中央アジア付近で人間との関係ができ、それが紀元前7世紀頃に東は中国へ、西はヨーロッパへと伝わったと考えられます。ギリシャの有名なホメロスの詩やヘロドトスの『歴史』、インドのバラモン教典などにも、大麻のことが記載されています。

歴史時代に入ってからの大麻は、第一に強い繊維がとれること、第二に育てやすいことで重宝されたようです。一般の樹木と比較して成長が早く、一定の面積でより多く生産できるという特性は、物資の少ない時代には歓迎されたことでしょう。

大麻の茎の外側からとれる硬い繊維は、ロープや布などに用いられ、大航海時代には、船のロープや帆として、なくてはならないものでした。

また、細い繊維は強靱で耐久性にも富むことから、重要な書物やお金（銀行券）に利用されてきました。実際に、１８８０年代まで各国で使われていた銀行券の多くは、大麻製でした。紙にも印刷された文字にも劣化が少ないことが、紙幣に使う場合はポイントになるからです。

近代になっても、大麻は繊維として使用されるのが普通で、痲薬としては使われることはありませんでした。アヘンなどが流行った中国やインドでも、大麻は痲薬として使われていませんでした。

図５　スペイン兵に虐殺されるマヤの兵士

＊アヘン戦争

ここで、歴史的には痲薬としてもっとも有名は「アヘン」についての話を少しします。

アヘンが歴史の表舞台に登場するのは、七つの海を支配していたイギリスと中国の間に起こったアヘン戦争です。

19世紀の世界は、まだ「力の時代」でした。力の時代というと何となく格好いいですが、要は、暴力の支配する時代です。スペイン、ポルトガルから始まり、オランダ、イギリスが引き継いだ世界征服の時代は、アジアやアフリカ、南アメリカなどにとっては、悲惨な時代でした。ヨーロッパの国々が世界の各地に軍隊を派遣し、反抗すれば皆殺しにするということが続いていたのです。

スペインがアメリカ大陸でマヤ文明（現在のメキシコ）を殲滅し、インカ帝国を滅ぼしたことは歴史的事実としてよく知られていますが、その内実は悲惨です。

図5の絵は、スペインの軍隊がマヤを攻めて、大量虐殺をしている様子を描いたものです。スペイン兵が数十人で、何千人ものマヤの兵士を殺戮したと記録されています。一見、大麻に関係がないこの絵は、近代という歴史の中で白人が有色人種をどのような目で見てきたかを象徴的に示しています。大麻を吸うヒスパニック系の人を忌み嫌ったことにもつながってくるでしょう。

このような傾向は、イギリスに引き継がれました。イギリスは産業革命で力をつけ、さらにその海軍力を活《い》かし、インドなどを植民地にしたほか、「七つの海」を支配したといわれるように、世界中にその勢力を伸ばしていったのです。イギリス艦隊は、清帝国（中国）にまで進出し、痲薬である「アヘン」を押しつけます。

アヘンが中国にどういう影響を与えるか、中国の政府がアヘンに対してどのような政策を持っているかなど関係なく、植民地政策の一環としてイギリス商人が中国にアヘンを売り、巨利を得ていたのでした。

１８３８年の春、アヘンの密貿易に手を焼いた清の道光帝は、全国から有能な人材を登用します。その一人だった林則徐は、皇帝の信頼を受けてアヘンの禁輸に乗り出します。

林則徐は強力にアヘンの取り締まりを始めたのですが、それは当然、アヘンで富を得ていたイギリス商人の利益を損ねるものであり、彼らが本国に訴えたことで、アヘン貿易を守るためにイギリス艦隊が出撃したのです。

そんなイギリスにも良心的な人はいました。

その一人が、イギリス下院の青年代議士グラッドストーンでした。彼は、イギリス艦隊が出陣する直前、政府に対する批判演説を行います。

「清国にはアヘン貿易を止めさせる権利がある。それなのになぜこの正当な清国の権利を踏みにじって、わが国の外務大臣はこの不正な貿易を援助したのか。これほど不正な、わが国の恥さらしになるような戦争はかつて聞いたこともない。

大英帝国の国旗は、かつては正義の味方、圧制の敵、民族の権利、公明正大な商業の為に戦ってきた。それなのに、今やあの醜悪なアヘン貿易を保護するために掲げられるのだ。国旗の名誉はけがされた。もはや我々は大英帝国の国旗が翩翻《へんぽん》と翻《ひるがえ》っているのをみても、血湧き肉おどるような感覚を覚えないだろう」

しかし、この演説も実らず、結局、イギリス政府は極東に遠征軍を送ったのです。

アヘン戦争は約2年に及びました。最後の決戦は1842年4月から7月にかけて乍浦《ザープー》と鎮江《チエンチヤン》でありました。乍浦の戦いでは、イギリス軍の戦死者9人に対して、清軍の戦死者は女子供を含め、イギリス軍が埋葬しただけで1000人を数えたと記録されています。イギリス軍は好んで女性、子供を殺戮したわけではなかったようですが、圧倒的な火力を持つイギリス軍によって、多くの女性や子供が巻き添えになったのです。さらに鎮江では、イギリス軍の戦死者37人に対して、清軍では1600人が死亡しました。

この二つの戦闘での犠牲者の数を比較すると、戦争というより虐殺に近かったようにも思えます。このような圧倒的な力の差で、8月に清はやむなく降伏し、香港の割譲、戦費など2100万ドルの賠償金を支払ったのです。

この理不尽なイギリスの行為は、隣国日本に衝撃を与えました。当時、長崎でこのアヘン戦争について知ることになった若き吉田松陰は驚愕しました。平戸滞在中に松陰が読んだとされる書物に『阿《あ》芙《ふ》蓉《よう》彙《い》聞《ぶん》』7冊があり、その中に「阿片始末」があります。その一文字一文字が松陰の心に刺さり、それが後の彼の言動の基礎になっています。

日本は、直接的ではありませんが、アヘン戦争という痲薬に関わる事件に大きな影響を受け、それがやがて明治維新につながります。歴史はあざなえる縄の如く、絡み合い、離れ、意外なところで関係を持ちながら続いていくから面白いのでしょう。

＊痲薬といえるような精神的作用はなかった

このように、アヘンは歴史上の大きな舞台に登場し、世界的に影響を与えてきましたが、大麻は、痲薬としてまったくといっていいほど歴史に登場しません。

先に示した大麻の歴史でわかるように、日本だけでなく、世界的に見ても大麻は繊維として使用され、ごく一部に大麻の葉を吸う習慣があったくらいだったようです。

ヨーロッパにも、かなり前に大麻は伝わっていましたが、精神的作用があるとは気づかず、後にインド大麻が入ってきた時、「インド大麻という種類だけに精神的な作用がある」と認識していたようです。

タバコの味をよくするために、普通のタバコの中にアヘンを入れて吸うなどということも考案されていたぐらいですから、もし大麻がタバコの味をよくするなら、同じ使い方もありえたはずです。すなわち、大麻は嗜好品としてあまりよいものとは思われていなかったのでしょう。

ヨーロッパやアメリカでは、前述のアンスリンガーが登場するまで、大麻が「危険なもの」として規制された記録はほとんどありません。これに対して、アヘンのような痲薬は、国の存続を危うくするとして、さまざまな機会に禁止されてきました。

私の経験では、科学は人間の判断力を超えることがありますから、自分は「これが正しい」と考えても、その後、実験や観測を続けることで、真実ではなかったことに気づかされることがよくあります。そんな時、自分の考えより事実の方を重んじて、訂正しなければなりません。

その点に関して、私が大麻についてあまり知らない時期に、二つの疑問がありました。一つは、「なぜ20世紀になるまで、中国やインドなどの国を別にすれば、世界の多くの国々が『痲薬』というものにほとんど無関心だったのか?」ということです。人間が20世紀になって大きく変わったのなら別ですが、同じ人間なのですから、不思議なことです。

そして二つめは「日本の大麻は、カンナビノールがほとんど含まれておらず、繊維用だったので、禁止されなかったのはわかるにしても、外国でも大麻が禁止されなかった理由は何か?」ということです。

歴史的に見ると、痲薬を禁止するようになったのは20世紀に入ってからで、歴史の長さでいえば、痲薬を禁止している現代の方が「異常」に見えます。それ以前は、中国、インドはもちろんのこと、東南アジアでも南米でも禁止されていませんでした。

ところが現代では、「ダメ。ゼッタイ。」という標語が物語るように、痲薬は厳しく規制されています。そんなに危険なものが、20世紀に入るまであまり社会の関心を呼ばず、禁止されてもいなかったという「事実」は、どう解釈すべきでしょうか。

痲薬といっても、古くから知られているものは、ケシからとるアヘンとヘロイン、コカの葉からとるコカイン、大麻、それにアルコールとタバコ（ニコチン）などです。

このうち大麻は、大航海時代の頃、日本やヨーロッパでは精神的作用はないと考えられていました。ヨーロッパでは、アヘンなどが盛んに持ち込まれていましたので、もし大麻に同じような効果があれば使っていたはずです。後にインド大麻は使われますが、嗜好品としては、アルコールなどの方がずっとよかったのでしょう。

また、シャーロック・ホームズはコカイン中毒患者という設定ですが、１００年ほど前まで、コカ・コーラにも少量のコカインが入っていたとされています。それでも、痲薬の使用自体が、その国の存亡に関わることはありませんでした。痲薬が元で大きな騒動になったのはアヘン戦争ぐらいではないでしょうか。

私の第二の疑問——大麻はなぜ規制されなかったのか——の解答は簡単で、嗜好品として使えるような精神作用はなかったから、ということになります。

しかし、第一の疑問——20世紀になるまで痲薬は社会の脅威ではなかった——ということについては、まだ断片的な研究しかないようです。本書の第五章で、南の国と北の国の比較、文化の発達と社会などについて少し触れますが、痲薬が社会を危うくするという考え方を、見直す必要があるかもしれません。

大麻の犯罪を減らす第一歩は、「オープンで先入観のない議論」から始まると思うのです。

第三章　大麻と日本

1　日本における大麻の歴史

＊灯りを得るための重要な素材

世界の大麻の歴史については、第二章で整理しましたので、本章では日本と大麻の関わりについてまとめておきます。

わが国で最も古い大麻の痕跡は、縄文初期の鳥浜貝塚（福井県若狭町）から見つかっています。そこから出土した土器には大麻の繊維の痕があり、大麻の縄と編物、種子も発見されています。

従って、少なくとも約５０００年前から日本には大麻が自生していたと考えられます。

また、歴史時代に入ると、繊維のほかに、大麻の実からとれる油や、繊維をとったあとの茎、いわゆる苧殻《おがら》が「灯りを得るための重要な素材」として知られていました。飛鳥・奈良時代に仏教が広まるとともに、大麻の燈火を用いた法儀も行われるようになります。

「松明《たいまつ》」は、葦《あし》、苧殻、枯草や竹、松などの割木を手頃な太さに束ねて、点火したものです。

さらに苧殻は、お盆の迎え火や送り火を焚くのに使われたり、懐炉《かいろ》用の灰の原料にも広く使われていました。燈芯（蝋燭《ろうそく》の芯）には、麻布を細かく裂いたものが用いられました。

しかし、江戸時代に入ると、繊維としては、一般的に木綿《もめん》が使われるようになりました。木綿の衣類の方が保湿性があり、肌触りや加工の点で優れていたからです。その結果、大麻の用途は、「麻でなければ」というものに限定されるようになりました。

大麻は繊維が強く通気性に優れており、今でも「夏服は麻」といわれています。そのほか、蚊帳や畳の表地（畳表）の縦糸、さらに、漁網や釣り糸、下駄の鼻緒などに特化して使われました。

住宅関係では、大麻の茎は屋根を葺《ふ》く材料として使われ、くずになった繊維は壁や漆喰《しっくい》の材料になりました。

日本では、日常生活で使う主要な植物を、「三草（麻、藍、綿）と四木（桑、茶、楮《こうぞ》、漆《うるし》）」と呼んでいましたが、その一つが麻でした。

実は大麻は、かつてクワ科の植物と考えられてきました（現在では先に書いたようにアサ科に分類されている）。日本ではクワ科というと、大麻、楮、桑の三種類で、大麻は繊維、楮は和紙、桑は蚕《かいこ》の餌というように、それぞれが違う用途に使われていたのです。

麻の実は食用にも使われ、麻婆《マーボー》豆腐は麻の実を材料に使ったからその名になったとも、

図6　注連縄。垂らしてある白い紙を「紙垂（しで）」といい、聖域を示す。後述の幣（ぬさ）、御幣（ごへい）にも用いられる

「麻」という婆さんが考えたからとも、調理した人がアバタ（麻）だったからともいわれています。「麻」は「アサ」という意味ではなく、「麻痺させるもの、舌をしびれさせるもの」ということで、山椒を意味したのかもしれません。

　大麻の実は「七味唐辛子」の材料にも使われています。「七味唐辛子」は、「麻の実」「生唐辛子」「炒り唐辛子」「芥子《けし》の実」「粉山椒」「黒胡麻」「陳皮（ミカンの皮）」を組み合わせるので、「七味」と呼ばれています。

　また、大麻は何らかの薬効を認められてもいました。戦前まで漢方として処方され、喘息《ぜんそく》やアレルギーの薬として一般的にも使われていました。

　現在では、合成繊維の普及、生活の欧米化、大麻取締法による使用制限などで、大麻の利用は激減しました。現在、私たちの目に触れるのは、神社の鈴縄や注連縄《しめなわ》（図6）、横綱の化粧まわしなど、日本人の精神的な部分に関わるものが主です。

そして、現代社会でもっとも「大麻」という言葉をよく見かけるのは、「大麻汚染」「マリファナ・パーティー」など、テレビのワイドショーや新聞や週刊誌の記事になりました。

有名芸能人のマリファナ事件が報道されると、逆に興味本位で大麻を手にする人が現れます。大麻を吸う習慣がなかったのに、大麻取締法ができてから突然使われるようになったというのは、マリファナ自体が気持ちいいから吸いたいのか、「規制されているので冒険したい」という人間の好奇心のためか、わからないように思います。

2　民間伝承としての大麻

＊クワバラクワバラ

歴史的なことを考えたり、過去の民族の風習などを理解しようとする時、その社会を実際に見ることができればいいのですがそうはいきません。

大麻に対するかつての日本人の感覚を求めるには、かすかに残された無形の情報を集める必要があります。迷信などの民間伝承、祭祀《さいし》や書物として残された神話や歴史的逸話、それらに加え、地名や言語に残された大麻の痕跡を探すことになります。

例えば、かつて雷がなると「クワバラクワバラ」という呪文のようなものを唱えました。これにはいくつかの説があって、雷神である菅原道真公の領地の「桑原」には一度も雷が落ちたことがないから、あるいは桑畑、大麻（前述のように、かつてはクワ科だった）畑に逃げ込めば安全という伝統的な感覚があったから、とよくいわれます。

前者についても、後者の感覚が元になっている可能性もあります。

では、雷が鳴った時に桑畑、大麻畑に逃げ込むという伝承は、どうして生まれたのでしょうか？

大麻は生育が早く、3メートル以上の高さになるので、背丈よりも高い畑の中に逃げ込むことで、雷神から見えにくくなること、逃げ込む時にクワやカマなど鉄でできた農具を手放すことになるので、結果的に雷にあたらなくなることなどが考えられます。

このような伝承が生まれた当時、人々には雷は電気で、鉄は電気を通しやすいなどという知識はまったくなかったはずです。それでも、大麻の林立する畑の中に潜り込むためには、農具を手放さざるを得ないから、その結果として落雷を避けることができたのかもしれないと、私は考えています。

このような経験が、雷が鳴ったら大麻畑に逃げ込む、「クワバラクワバラ」と唱える、さらには、蚊帳には雷が落ちない、という伝承につながります。前述のように、蚊帳は大麻で作られていました。

科学は迷信を否定しますが、迷信の中には、現代でもしぶとく生き残っているものがあります。その場合、現代の科学ではまだわからないものが含まれている可能性もあります。それを深く追求せずに、感覚だけで「非科学的迷信」と断定する方が「非科学的」であることはいうまでもありません。

＊大麻と織物

このように、大麻は古くから「神様」と関係し、「危険を避けるもの」と考えられていました。雷などはその典型ですが、他にも、身を守ることに関係する伝承があります。

例えば、「織姫《おりひめ》は村の境で機《はた》を織る」という伝承があります。「機」は「旗（軍旗）」に通じる言葉で、村の境界で機を織ることで、村を護るという意味を持っていたといわれています。織姫の伝承は、神事として機を織る女性が、天と地を紡ぐ「大麻」を用いるという意味が強かったのでしょう。古くから大麻の織物の技術には独特のものがあり、「倭文織《しずお》り」と呼ばれていました。
さらに日本では、生まれてきた赤ん坊の産着《うぶぎ》に、古くから図７に示した「麻の葉模様」が縫い取られていました。他に女性の着物の下着として用いられた肌襦袢《はだじゅばん》や腰巻、着物から小物にいたるまで、頻繁に麻の葉模様が使用されています。

図７　麻の葉模様

この麻の葉模様はさらに一般化し、素材が大麻でなくても「魔よけ」として用いられるようになっています。大麻が雷をよける性質を持つと伝承されたことから、雷以外の危険なもの、つまり「邪気」に対しても効力があると信じられたためでしょう。

赤ん坊の産着については、大麻は成長が速く、３カ月で２メートル以上伸び、素材としても丈夫だったので、子供の健《すこ》やかな成長を願う親の心が込められていたと考える人もいます。

さらに、デザインやパターンの意味としては、魔物は「目が多いものを恐れる」と信じられ、あるいは「清潔さ、秩序」を嫌うとされていたことから、籠目《かごめ》模様などと同様に邪気をよせない模様とされていたと私は思います。

いずれにせよ、これらの伝承から読み取ることのできる大麻は、現代の大麻取締法のもとでの大麻とはまったく違います。大麻草とその織物は「素晴らしいもの、自分たちを救ってくれるもの、神々しいもの」という印象を与えてくれます。

3　宗教心と大麻

＊日本の神々と大麻

民間伝承が消えやすい反面、宗教的な伝承はより鮮明に残ります。特に神社では「しきたり」が重視され、長い歴史の中でもそれほど変化しません。毎日、同じことを繰り返し、例年同じことを行いますから、伝承というものの濃度が高いといえます。

日本は縄文時代などを除いても約２０００年の歴史があり、その中で多くの文化を生み出してきました。そして、日本人と大麻を語るには、２０００年の歴史の中で、日本人の精神的な中核を作ってきた神社と日本の神々との関係を考えないわけにはいきません。そこで、日本の神々と大麻について、短く解説しておきます。

伊勢神宮で頒布されているお神札《ふだ》のことを「神宮大麻」といいます。神社で使用されるお神札の中で、最も厳重なお祓《はら》いを行って授けられるものを、特に「大麻」と呼びます。ちなみに、この神宮大麻には、実際に大麻の繊維が入っていました。

この神宮大麻の「大麻」は、もともと「おおぬさ」と読み、神々への捧げ物として、あるいはお祓いの際に用いられました。素材は、かつては木綿《ゆう》や麻などが、今は紙が用いられています（図8）。

ところで、日本の神社は、本来こんもりとした森の中に、ひっそり鎮座していました。神社のことを「社《やしろ》」といいますが、これは「杜《もり》」から来たといわれ、神社は「神の杜」ともいえます。古来日本人は、木や森、山そのものに神が降りると信じていました。その自然崇拝の心を今もそのまま継承しています。

もともと日本人の神は、一神教に多く見られる実体を持つ神ではなく、目に見えないものでした。「御神体」といわれるものがありますが、それは神そのものではなく、神が乗り移るための単なるモノです。つまり、「御霊代《みたましろ》」であり、「依代《よりしろ》」です。

この神様ではないけれど、神様と接する神聖なものである「依代」の一つが「大麻《おおぬさ》」でした。大麻は「依代」として神社で使用され、同時に日本人が精神的に頼りにするものだったたのです。

人間は精神的な存在ですから「心の頼り」がもっとも大切なのですが、それが大麻と深く関係しているというのは、現代の日本では考えられないことです。

もう少し詳しく説明しましょう。ただ、ここで書くことが必ずしも「定説」でないことをあらかじめ断っておきます。

日本の神々には、さまざまな働きがあると考えられます。それを整理すると、

1、荒霊《アラミタマ》（荒々しい気）
2、和霊《ニギミタマ》（柔和な気）
3、奇霊《クシミタマ》（奇跡を起こすような気）

の三つ、あるいは幸霊《サチミタマ》を加えて四つの働きになります。そして、「神社」の機能は、その神々の働きを、時には祓《はら》い、時には降ろし、また遊ばせるようにして、それぞれの「気」が人に災いを降り注ぐことなく、むしろよい「気」に変容させるために諫《いさ》め、高めること

図８　大麻（おおぬさ）。大幣とも書く

です。

現代は、すべてのことをモノかお金に換えないと気が済まない時代ですが、少し前、特に日本では「気」のようなとらえどころのないものの中に、心を反映させるという手法がよく使われたのです。

といっても、まったくモノがないわけにもいかず、その際によく使われた素材が「大麻」でした。

たとえば〝祓う〟時には大麻を幣《ぬさ》(前述の大麻《おおぬさ》のこと)、礼服、注連縄として使いますし、〝降ろす〟時にはその幣を依代として、さらに〝遊ばせる〟時には大麻を鈴縄として使います。そのほか神社の屋根には大麻の苧殻を使います。

神社で用いる御幣《ごへい》(前述の紙垂。単に幣ともいう)は稲妻のような形をしていますが、大麻を使うことによって、稲妻のエネルギーを御したいという思いがあり、さらに、これも大麻でできた幣《ぬさ》で禍《わざわい》を避けるという具合です。そこで、御幣が神社の境界や鳥居などに貼られているのだと思われます。

神々は山の頂のような高い場所におられるので、天空から神社の本殿に降りてこられるには、天と地のつながりが必要で、それには「雷」が大切となり、さらに具体的な素材として大麻を使ったと考えられます。

神社の成り立ち、日本の神様のお役目、そして儀式に使うさまざまなものには古い言い伝えがあり、地方によっても違います。でも、その中で「大麻」が共通して重要な材料に使われています。私たちが自らの文化を知り、ルーツを知り、そして現代を理解する、一つの大切な鍵だと思います。

4　地名や言語と大麻

＊大麻と金属

日本と大麻、その第二弾は日本の地名です。日本には「麻」もしくは「大麻」の名を冠した地名が多くあります。

表2には、「麻」の名を冠した日本全国の地名を一部示しました。最近は市町村合併が続いていますので、現在では少し変わったところもあります。

そのままずばり「大麻」という町もありますが、福田さんの後を継いだ総理大臣の名前と同じ「麻生」、それに「麻畑」「麻田」のような名前が多いことがわかります。「麻苧町」というのは、麻そのものと麻から繊維をとった残りのところを指していますので、「麻＋麻」といっているようなものです。

「麻」のつく地名は、そこが「大麻の産地」、あるいは「大麻を材料とした産業に従事していた地域」を意味しています。10年ほど前に私が数えてみたところ、麻のつく地名は、市町村名以外も含め87にのぼりました。

さらに、麻の名前がついている地域は、金へんのもの、つまり金属とも関係があると思われます。現在では多種多様な材料が生活の中に入り込んでいるのでわかりにくいのですが、素朴な時代の日本では、「金属」と「繊維」の二つは生活に欠かせない貴重かつ中心的なものだったからです。

繊維の方はそれを取り出したり加工したりするのに特別な条件はいらないのですが、自然の中にある鉄や銅はそのままでは使えません。古代では、「冶金《やきん》」という難しい工程を経て、人間が使えるようなものになりました。ですので、特定の人がその仕事に携わる傾向があり、昔から忌部《いんべ》一族との関係が指摘されています。

忌部一族の祖神は、アメノフトタマ（天太玉命）を始め、阿波《あわ》の忌部のルーツであるアメノヒワシ（天日鷲命）、讃岐のタオキホオイ（手置帆負命）、ヒコサシリ（彦狭知命）、出雲

都道府県	市・郡・町	地名	呼び名
北海道	江別市	大麻	おおあさ
岩手県	岩手郡雫石町	麻見田	まみだ
宮城県	加美郡	色麻町	しかまちょう
福島県	耶麻郡		やまぐん
茨城県	行方郡	麻生町麻生	あそうまちあそう
栃木県	鹿沼市	麻苧町	あさうちょう
群馬県	多野郡万場町	麻生	あそう
埼玉県	熊谷市	大麻生	おおあそう
千葉県	山武郡山武町	麻生新田	あそうしんでん
東京都	港区	西麻布	にしあざぶ
神奈川県	川崎市	麻生区上麻生	あさおくかみあさお
新潟県	十日町市	麻畑	あさばたけ
富山県	高岡市	麻生谷	あそうや
石川県	加賀市	大聖寺麻畠町	だいしょうじあさばたけまち
福井県	敦賀市	麻生口	あそうぐち
長野県	北安曇郡	美麻村	みあさむら
愛知県	豊川市	麻生田町	あそうだちょう
岐阜県	揖斐郡大野町	麻生	あそう
三重県	松阪市	御麻生薗町	みおぞのちょう
滋賀県	蒲生郡蒲生町	上麻生	かみあそう
京都府	京都市南区	上鳥羽麻ノ本	かみとばあさのもと
大阪府	豊中市	石橋麻田町	いしばしあさだちょう
奈良県	北葛城郡	當麻町當麻	たいまちょうたいま
和歌山県	那賀郡那賀町	麻生津中	おうづなか
鳥取県	岩美郡国府町	麻生	あそう
岡山県	備前市	麻宇那	あそうな
山口県	岩国市	麻里布町	まりふまち
徳島県	麻植郡鴨島町	麻植塚	おえづか
香川県	善通寺市	大麻町	おおさちょう
愛媛県	伊予郡砥部町	麻生	あそう
高知県	中村市	麻生	あそう
佐賀県	佐賀郡富士町	麻那古	まなご
熊本県	熊本市清水町	麻生田	あそうだ
大分県	東国東郡武蔵町	麻田	あさだ

表2　麻の名を冠した地名の例

の玉造りの祖となったクシアカルタマ（櫛明玉命）、アメノマヒトツ（天目一箇命）です。

これらの神々は、古代の日本におけるいわば産業振興の神々であり、大切な材料だった鉄や銅、水銀といった金属、そして大麻などの繊維と深く関係していたのです。

大麻と金属の関係についても、最近では地名の変更が多いため、実証できる地域がどんどん少なくなっています。わずかですが、現在でも大麻と金属や、金属に関係する地名を表3にリストアップしてみました。

この金属の神を祀った神社と、金属採取と製錬の跡や古墳の埋蔵品との関係は、曖昧な状態ではありますが、伝承されているところもあります。さらに「大麻」や「倭文織り」と重金属や雷などとの関係が思い浮かびます。

麻という地名には、単にそこで麻がとれたということだけではなく、日本人がかつて大地からとれた大麻と水銀や銅などの火山性鉱石を生活の中にどのように取り込んでいたか、また、本書では詳しく書くことができませんが、大陸から渡来した人たちと、それまでに日本に住んでいた人の往来も見ることができます。

＊死語同然の大麻にまつわる言葉

「あさ」から変化した言葉は、「火」や「エネルギーの高い状態」を表す事象や地名に多く用いられました。例えば、浅間《あさま》、阿蘇《あそ》、朝《あさ》などがそれに当たります。

さらに、「ア」はハレの意味をもつ接頭語で、神聖な（清らかな）言葉に多く用いられる「サ行」の音を代表する「サ」と直結して使われたと考えられます。

ところで、麻は古語で「フサ」とか、「ソ」と呼ばれていました。「房総半島」の「房総」は「房」も「総」も「フサ」ですから、「フサ・フサ」ということになります。そして、房総にある「安房神社《あわ》」（図9）は、忌部一族が産業振興の神として麻の神を祀ったもので、「安房神社」の「アワ」は彼らの出身地の四国の「阿波」を指すだけでなく、「天と地を繋ぐところ」という意味を持っているというとらえ方もあります。

大麻が地面から勢いよく天に向かって伸び、天からは雷が大麻を通じて大地にエネルギーをもたらす――そういう「天と地のつながり」に対する思いが、名前になったのでしょう。

先に、大麻の畑に逃げ込めば、雷をよけることができるという伝承を紹介しました。「天と地のつながり」とはある意味で正反対です。かつて人間が自然の中で生活していた時、自然は恵みをもたらすと同時に、危害を加えてくる存在でもあったからでしょう。

ところで、かつて衣のことを「ソ」といいました。今日でもスソ（裾）とかソデ（袖）と

地名との関連事項	地　名	鉱山など
金属鉱山	岩手県雫石町麻見田	黄鉄鉱・鉱泉
	福島県耶麻郡熱塩加納村	与内畑鉱山
	埼玉県熊谷市大麻生	秩父鉱山
	岐阜県揖斐郡大野町麻生	飯盛山鉱山
	大分県東国東郡武蔵町麻田	黄鉄鉱他鉱物産出
伝統的冶金職態集団	栃木県鹿沼市麻苧町	金属との関係あり
	愛知県豊川市麻生田町	鍛冶職人の町
	三重県松阪市御麻生薗町	穴師と関連
	姫路市奥山・麻生山	産鉄に関わった民の古墳・伝説の存在
金属神・地鎮神	宮城県加美郡色麻町	伊達神社（金属）
	群馬県多野郡万場町麻生	諏訪神社（地震、水銀）
	富山県高岡市麻生谷	射水神社・諏訪神社（水銀）
	新潟県十日町市麻畑	諏訪神社（水銀）
	奈良県北葛城郡當麻町當麻	水銀の神
銅鐸出土	滋賀県蒲生郡蒲生町上麻生	野洲遺跡
	香川県善通寺市大麻町	大麻神社
	徳島県麻植郡鴨島町麻植塚	麻殖庄
金属と関連のある断層	静岡県麻機断層	草薙・麻機断層
	愛知県伊予郡砥部町麻生	砥部衝上断層・砥部焼き

表3　大麻と金属、あるいは金属に関係する地名

いう言葉に、その名残があります。「ソ」という言葉は貫頭衣をあらわしていますが、この衣には裾もなければ袖もありません。貫頭衣を作った素材そのものが「ソ」で、これが先ほど紹介した大麻の古名の一つとなったと考えられます。

このように、日本の生活や文化と密接に関係していた大麻ですが、今ではほとんど使われなくなったため、死語同然になっているものが多数存在します。

図9　安房神社

私は伝統材料などの研究を15年ほどやってきました。その調査の中で、日本文化と大麻が非常に深く関係していることは理解できるのですが、書籍などの形で残っているものが少なく、さらに伝承自身がどんどん失われているのを感じます。

日本は、ダイナミックな変化に対応していくのは上手なのですが、その反面、価値ある伝統をあまり大切にせず、それらがどんどん失われていくように感じます。ここに書いたことも、小さな断片を集めたり、人の話からとったりしたものが多く、不確かで残念な気がします。

「日本と大麻」ということで整理した内容を、簡単にまとめましょう。

大麻の性能や機能として認識されていたのは、次の五つです。

1、強固で耐久性の高い繊維としての性質を持つ。

2、高い栄養価がある（実の部分）。

3、雷よけに関係している。または雷とつながっている。

4、魔よけ・依代として効果がある。

5、鉱物を含む地質との親和性や調整作用が見られる。

これらに加えて、若干の薬効も認められていました。

たとえば「喘息抑制、滋養強壮」については、比較的、医学・薬学の実証データが得られていますが、その効果が「魔よけ」となると実証はかなり困難かもしれません。

第四章　大麻とカンナビノールが精神に及ぼす影響

この章から「大麻の薬効」に入ります。

ただ、すでに述べたように、痲薬との関係でいえば、「大麻」はあくまで「植物の名前」であり、「カンナビノール」というのが大麻に含まれている薬効成分の名前です。ですから、「大麻の薬効」ではなく「カンナビノールの薬効」を整理するのが正しいということになります。ただ、習慣的に「大麻」と表記する場合が多いので、時々、断りを入れつつ話を進めたいと思います。

1　カンナビノールの精神的作用

カンナビノール（大麻に含まれるもの、またはマリファナとして使用されたもの）についての「はっきりした医学的な研究報告」は、全部で四つです。この四つの他に、個人的な研究や断片的な資料、あるいは全くの素人がまとめたものなどがありますが、ここでは、ちゃんとした学問的な手段でカンナビノール（大麻、もしくはマリファナ）の薬効とその社会的な影響について調査したものを系統的に整理していきます。

＊インド大麻薬物委員会（1893年）

一つ目は、1893年から2年間かけて調査された、イギリス政府の「インド大麻薬物委員会」です。この委員会は3698ページにわたる膨大な報告をしています。その結果を、アメリカ国立精神衛生研究所のトッド・ミクリヤ医学博士が次のようにまとめています。

まず身体的な影響については、特異的な体質の人を除けば、強い影響は認められないとされています。

次に精神的影響については、特異的な体質の人に限っては興奮作用が認められるけれど、適度な使用では影響は見られないとしています。

なぜこういう結果になったかというと、大麻のなかに含まれるカンナビノールが少量で、かつ習慣性がないため、「大量に摂取した」例が見られず、その結果として「適度な量」だけが観測の対象となったためです。

ただ、この研究は100年以上も前のものなので、評価の難しい部分があります。一滴もお酒が飲めない人がいるように、体に影響のある化合物は、人によって大きな差が見られます。抗原抗体反応のような症状を呈する時もありますし、単に体が慣れていない場合もあります。

いずれにしても、社会的にはそれほど大麻が使われていた時代ではないので、その範囲における研究結果といえます。

＊ラ・ガーディア報告（１９４０年）

次の大々的な研究は、アメリカで大麻課税法が成立した直後の１９３８年に、当時のニューヨーク市長フィヨレロ・ラ・ガーディアが、ニューヨーク医学アカデミーに要請して開いた委員会のものです。この委員会は、薬理学、心理学、社会学、生理学など20人の学者で構成されました。

科学的には中立な委員会ですが、もともとラ・ガーディア市長が、アンスリンガーの強引な大麻キャンペーンを疑ったことがきっかけになっています。その点で、後にアメリカのニクソン大統領が「大麻の毒性を証明したい」という意図で始めた委員会と政治的には対になっています。この委員会とニクソン大統領が開いた委員会を対比することで、政治的な意図を打ち消し合うことができます。

委員会は１９４０年から４年間にわたって行われ、その直後に報告書が公表されています

(ラ・ガーディア報告)。

私も英語の原文を読んでみましたが、大麻の常習者は、社交的な性格の人が比較的多く、攻撃的ではないこと、犯罪と大麻の関係は見られなかったことなどの社会的な研究結果が示されています。

また、身体的・精神的には、性欲を特別に高めるような興奮作用は見られないこと、禁断症状はないこと、数年にわたって大麻を吸い続けても精神的・肉体的な機能が落ちることはないことが報告されています。

この当時は「大麻」と「カンナビノール」は区別されていません。ですので、この結果は、当時のアメリカで使われていたカンナビノールが多く含まれる大麻の影響ということになります。

本来なら、この報告が出た時点でアメリカの大麻課税法は廃止されるべきだったはずです。つまり、大麻課税法の成立時に使用された宣伝が、ほとんど医学的根拠を持たなかったことが明らかになったからです。

ところが、折しも第二次世界大戦の真っただ中であり、ニューヨーク市長の冷静なメッセージは、騒然とした社会の中で打ち消されてしまいました。

ラ・ガーディアが組織したこの委員会のように「専門家が集まった公的な委員会」というのが常に「正しい」結論を出すとは限りません。政治的な圧力を受けて、ゆがめられた結果を報告するケースも多くあります。その意味で、この委員会の結果に対する受け止め方は二つに分かれます。大麻を禁止すべきだという人は「あの委員会は紐つきだから」といい、大麻は問題ないという人は「やはり大麻の薬害はたいしたことはなかった」といいます。

＊世界保健機構（WHO）の報告書（1970年）と「入り口論」

世界中で6000万人の犠牲者を出した第二次世界大戦も終わり、1960年代になると、ベトナム戦争などをきっかけに、従来のアメリカの価値観に対して疑問を持つ若者が増え、カウンターカルチャー（対抗文化）の一つとして大麻が用いられるようになりました。

かつてメキシコからの移民の活動を制限するために始まった大麻規制は、それから約30年を経て、すっかり形を変え、大麻は若者の健康を大きく損なうものとして排斥されようとしていました。特に大変な激戦となったベトナムの戦地から帰ってきた帰還兵が、大麻を販売したかどで長期間の懲役刑を受けたこともあり、大きな社会的関心を生んだのです。

そこで、二つの報告が行われました。

一つは世界保健機構（ＷＨＯ）のもので、１９７０年に11人の学者が討論したものです。報告書は「健康および心理に対するアルコール、インド麻、ニコチン、痲薬摂取の結果の相対的な評価」というレポートで、次のように結論されています。

まず、奇形の発生、衝動的な行動、大麻を吸っているうちに吸う量が増えるというような、激しい障害や習慣性はないこと、さらには痲薬につきものの禁断症状などは認められないことが指摘されています。

また、ベトナム戦争時のアメリカの社会的な運動から、「大麻は痲薬ではないが、若者が麻薬を使うキッカケになる」という、いわゆる「入り口論」が出てきました。

今まで考えていたことを否定されると、違う角度や論理から反撃するという方法です。この種の議論のすり替えはよく見られるのですが、大麻の場合も同じでした。アンスリンガーが行った一連のキャンペーンでは、一貫して「大麻を吸うと人格が破壊され、凶暴になる」と宣伝していたのですが、それが根拠のないものであることがわかると、「大麻自体はそれほど問題ではないかもしれないが、大麻を吸うことによって、若者を麻薬の道に向かわせる」という理由にすり替えたのです。

この「入り口論」は禁酒法成立以前にも登場しました。「お酒自体はそれほど悪いものものではないが、強い酒を飲んでいるとアルコール依存症になる」と。

このＷＨＯの報告では、「入り口論」に対して、「大麻がきっかけになって、ヘロインなどの麻薬につながることはない」とされています。

＊精神的依存性の問題

この報告書では、大麻を吸うことの影響を一つだけ指摘しています。それは「精神的依存性」です。

精神的依存性というのは「禁断症状はないので身体的にはいつでもやめられるが、吸わないと寂しいとか生活習慣になっているという精神的な理由で、昨日も吸ったから今日も吸いたいという傾向が認められる」という意味です。

この精神的依存性については、現在の日本でもたびたび問題になります。

たとえば、大麻には身体的にも精神的にも影響がないけれど、大麻を吸うグループとつきあいができて、大麻を吸わないと仲間がいなくなって独りぼっちになってしまう。いわば「寂しさ症候群」のようになるのです。

この問題は、現代社会では結構重要です。家族関係や近所づきあいなどが希薄なので、特に精神的依存性が問題になるのです。最近のように、会社などで喫煙所を決めると、そこで仲間ができて、タバコをやめづらくなるといわれています。

でも、これは、精神的依存性は大麻だけに限らないということと、精神的依存性は刑法の処罰の対象になるのかという二つの問題を含んでいます。

もともとコーヒーやお酒、タバコ、お菓子などのいわゆる嗜好品は、精神的依存性が強いものです。コーヒー好きの人がコーヒーの匂いをかいでつい喫茶店に入ったり、お酒好きの人が赤提灯の魅力に逆らえずについ寄り道をしたりするケースです。このような行為は「肉体的に禁断症状があらわれる」というより、精神的な習慣性によると考えられます。

後述しますが、お酒は身体的依存性があります。「飲み友達と会わないと寂しい」という感情は、精神的依存性と身体的依存性がミックスされているのでしょう。

もう一つ、大麻の栽培や輸出入、所持などについては厳しい刑事罰が科せられますが、そうなると精神的依存性と刑事罰の問題が生じます。つまり、禁断症状も肉体的な習慣性もなく、他人に危害を加えることもなく、ただ「仲間が欲しいから」という理由で常習化することがあっても、それで「刑事罰を科する」というのは少し乱暴です。同様に、入り口論と関係しますが、もし仮に、本当に大麻が痲薬使用の入り口になるとしても（実際は科学的に否定されています)、入り口になるという理由だけで厳しい刑事罰を科するのも問題です。やはり「大麻自身が原因で肉体的・社会的に悪いことが起こる」という理由が必要だと思います。

いずれにせよ、結論としてWHOの委員会は「大麻は健康上は問題がない」としています。

*シィーファ委員会(1972年)

四つ目にはニクソン大統領が登場します。

「法と秩序」を旗印にして、アメリカの保守層の支持を受けて当選したニクソン大統領が、「薬物規制法」に基づいて、ペンシルバニア州知事の経験のあるロイヤルド・シィーファ氏を委員長にする「マリファナ及び薬物乱用に関する全米委員会」を開きました。

先に書いたように、この委員会は、政治的には先のラ・ガーディア報告と対をなすものです。ニューヨーク市長は「大麻は痲薬性がないのではないか」と疑って委員会を開き、ニクソン大統領は「大麻を厳しく取り締まらなければならない」として委員会を開いたのです。その意味では、WHOの委員会と似たところがあり、大麻の研究にはとても役に立ちます。

実際、委員の選任にあたり、ニクソン大統領は、委員会の委員の過半数を自ら選ぶという熱の入れようでした。ところが、1972年に出された報告は、ニクソン大統領の思惑とはまったく異なる内容になったのです。

報告内容は、以下のようなものでした。

1、マリファナを吸うことで起こる身体機能の障害について、決定的な証拠はなく、きわめて多量のマリファナであっても、それだけで致死量に達することは立証されていない。

2、マリファナが人体に遺伝的欠陥を生み出すことを示す信頼できる証拠は存在しない。

3、マリファナが暴力的ないし攻撃的行為の原因になることを示す証拠もない。

医学的には、マリファナ摂取による身体機能の変化として、一時的なわずかな変化ではありますが、脈拍が増加し、最低血圧がわずかに上昇し、最高血圧が低下すること、目が充血し、涙の分泌が少なくなり、瞳孔がわずかに狭くなり、目の液圧が低下することがあるとしています。

そして、結論として「通常の摂取量ではマリファナの毒性はほとんど無視してよい」としました。

さらに同委員会の次の年の報告では、「マリファナの使用は、暴力的であれ、非暴力的であれ、犯罪の源とはならないし、犯罪と関係することもない」と断定しています。

政治的な圧力があったにもかかわらず、正しく学問的な判断を行ったのは、高く評価できます。

ニクソン大統領はこの報告に対して烈火の如く怒り、自分が作った委員会の報告書の受け取りを拒否しました。しかし、それによって科学的事実が変わるわけではありません。

その後アメリカでは、1975年の大麻についての医学的な会議、1991年のハーバード大学の調査など、主として医学系の研究会が開かれていますが、シィーファ委員会の結論と異なる結果は得られていません。

＊日本人の平均的な大麻観

厚生労働省の関係団体に「財団法人　麻薬・覚せい剤乱用防止センター」というところがあります。この団体は、ホームページで次のように大麻の薬効を示していました。

「常習的使用者はカラ咳を頻繁にしますし、目が充血していたりします。金遣いも荒くなりますし、使途など明確な説明が付けられないことも多くなりますので、これらもある種のヒントになります。家庭から頻繁に物が無くなったりする場合、大麻との交換や入手資金として使われていることもあります。その他の危険信号としましては、

1、忍耐力に乏しく欲求不満に陥りやすい
2、感情の起伏が激しく、喜怒哀楽の振幅が非常に大きい
3、頭は常に朦朧状態…例えば、昨日何をしたのかも思い出せない状態
4、鬱状態、自己陶酔、まやかしの行動、病的虚言
5、学業・就業成績の低劣化、体育活動その他本来求められているもろもろの活動への不参加
6、交通違反、破壊行為、万引きなど様々な違法行為」
この内容は、日本人の平均的な大麻観に近いものでしょう。

しかし、この内容があまりにも先に述べた四つの委員会の結論と違うので、問い合わせたことがありますが、根拠は示されませんでした。

ある化合物の薬効を見出すとき、比較的単純なこと——たとえば、目が充血する、感情の起伏が激しくなる——は、個人の肉体的、精神的な変化なので、わかりやすいのですが、学業成績の低下とか交通違反が増えるというようなことを解析するのは簡単なことではありません。たとえば、成績が低下したのは大麻を吸引したからか、もしくは大麻を吸引するような精神状態では学業がおろそかになりがちだからか、それを分離して解析するには、かなり

のデータの蓄積が必要です。

その意味で、このセンターの表現をそのまま信用するには、データの開示が著しく不足しています。

日本社会は特に根拠を求めることなく、「法律は法律」とか、「痲薬はいけないに決まっているじゃないか」ということで済ませる傾向があり、それが反対に、議論を長引かせたり、社会的な不安を増やしているような気もします。

責任ある機関が「法律で決まっているから」で済ますのではなく、国民の側に立ち、疑問が解消するように情報を公開し、真の理解を得るために不断の努力をすべきでしょう。

＊「罪のない人を犯罪者にする」という点で犯罪的

最初に整理した禁酒法でもいえることですが、社会的に大きな損害がないものを、何かの思想に基づいて規制するのはとても難しいことです。人によって考え方は違いますし、もともと法律というのは特定の思想を全体に強制するのではなく、社会がスムースに進むように必要最小限の規則を決めるものだからです。

仮に（仮にというべきではないのですが）、これまで大麻の薬効について調査した四つの委員会の報告が正しいとすると、大麻を法律で規制すること自体が、違法のように感じられます。

つまり、日本国憲法でも、思想信条の自由や、他人に迷惑をかけない限りにおいて食べたり飲んだりする自由は保障されています。だから、もし大麻を厳しく規制するなら、その根拠をしっかり説明することが、法律を作り、施行する側の義務ともいえます。

このことは、アメリカやヨーロッパでも繰り返し主張されており、アメリカの麻薬関係機関からは、軽微なマリファナの所持をあまり厳しく罰しないようにとの勧告が出されています。すでに１０００万人を超えたとされる逮捕者の存在を受けて、マリファナを取り締まることの方が、「罪のない人を犯罪者にする」という点で犯罪的であるとの指摘があるからです。

私は科学者ですから、すでに行われた四回の委員会の結論を尊重しています。そして、できればこのような委員会を日本でも開いて、大麻やカンナビノールについて多くの人が正しく理解することを期待しています。

また、最近の環境問題も同じですが、科学（医学）と社会が関係するときに、専門家は襟を正して研究し、発言することが必要ですし、社会の方もあまり強い先入観にとらわれることなく、専門家の声に耳を傾けて欲しいものだと思います。

大麻の薬効の話の最後に、少しのんびりしたことを書いておきたいと思います。

1895（明治28）年12月17日の毎日新聞に、喘息には「印度大麻草」がよいと、次のような広告が出ています。

「本剤はぜんそくを発したる時軽症は一本、重症は二本を常の巻煙草の如く吸ときは即時に全治し毫《ごう》も身体に害なく……」

実にのんびりして、しかも真実をついています。大麻は少し気分をゆるめる働きがありますから、それを喘息の治療に使うというのは効果がありそうです。

2　お酒、タバコ、コーヒーとの比較

マリファナの薬効がたいしたことないとわかってくるにつれて、二つの議論が出てきました。

一つは、すでに述べた入り口論というもので、「大麻自体はたいしたことはないが、大麻からヘロインに進む」というものです。そしてもう一つは、「大麻とアヘンやお酒、タバコ、

コーヒーなどを比較してはどうか」というものです。

そこで、ごくごく簡単ですが、痲薬とはどんなものかを整理し、つぎに、カンナビノール（大麻、またはマリファナ）とお酒やタバコはどちらが強い痲薬性を持つのか、身体的な影響を中心に示したいと思います

＊六種類の「痲薬的なもの」

まず、前述のように、痲薬は人間が文明を築いてからまもなく使われていたと考えられるのに、「法律的に規制」は意外に歴史が浅く、世界的には１９２４年の第二回アヘン会議からのことです。そして日本では、この会議の国内版として、１９３０年に内務省令17号「痲薬取締規則」が公布されました。

当時の日本が痲薬と考えたのは、アヘン（原料はケシ）やヘロインなどで、そもそも「痲薬」という言葉は、「痲酔」の「痲」からつけられたとされています。痲薬は「強い精神的、または肉体的な打撃があり、使用を中止すると禁断症状が起こるので、結果的に廃人になるか社会に危害を与える」とされていました。この定義がそのまま生きていて、痲薬と聞くと、多くの人が「禁断症状」や「廃人」を思い起こすのです。

この定義と、先ほど示した四回の委員会の結果を比べてみると、大麻、もしくはカンナビノールには、強い精神的、肉体的な打撃はなく、禁断症状もなく、廃人にもならず、大麻を吸って社会に危害を与えた例もないということですので、大麻もカンナビノールも痲薬ではないということになります。

大麻は痲薬のようなものだと思っている現代の日本人にとっては、理解しがたいことでしょう。

現在、モルヒネやヘロイン、コカイン、ＬＳＤが「麻薬及び向精神薬取締法」で規制されています。つまり、大麻草は「麻薬及び向精神薬取締法」の範囲には含まれていません。

日本で使われる「痲薬的なもの」、つまり「人間の精神に何らかの薬物的な影響を与えるので、注意されているもの」は、ヘロイン、コカインのような痲薬（麻薬及び向精神薬取締法、あへん法）、覚醒剤（覚せい剤取締法）、大麻（大麻取締法）、お酒（未成年者飲酒禁止法）、タバコ、それにコーヒーの六種類です。

社会的な常識としては、ヘロイン、覚醒剤、大麻、お酒、タバコ、そしてコーヒーの順で危険性があるとされていますが、科学的にはどうなのでしょうか？

＊お酒

まずお酒ですが、アメリカに禁酒法があったように、人類にとってもっとも影響の大きい痲薬は「お酒」で、次が「タバコ」です。ヘロインやコカインの方が強いのですが、このような痲薬を使う人はごく少数なので、その点から見ると、お酒とタバコの影響の方が圧倒的に大きいといえます。

お酒は「アル中（最近ではアルコール依存症という）」という言葉があったぐらいで、お酒に依存し、人格が破壊されて禁断症状が現れることはよく知られています。アルコール依存症を治療するには入院しなくてはならないのですから、重大な健康障害、社会的影響があるのはいうまでもありません。

また、飲酒運転が原因の悲惨な事故も多発していて、お酒が社会的に悪影響を持つことは、異論のないところでしょう。それでもお酒が法的に禁止されていないのは、人間にとっての「お酒の功績」と「お酒の害」を考えた場合、どっちもどっちだからですし、お酒のない人生は味気ないと、多くの人が感じるからでもあります。

アメリカの禁酒法の経験――「人間が生きていく上で大切なものは、それが論理的には禁止されるべきものでも、禁止は無理だ」も忘れてはなりません。

＊タバコ

もう一つの嗜好品、タバコについては、最近では禁煙運動がかなり進んでいますので、あまり議論しなくてもいいと思いますが、歴史的なことも含めて、簡単に触れておきます。

タバコは、安土桃山時代から江戸初期にかけて日本に渡来し、日本人にも受け入れられましたが、その直後の１６０９年にタバコの喫煙、売買が禁止されました。

この禁止の理由は、もちろんタバコを吸う人の健康の問題ではなく、火事になること、家計を圧迫すること、そして、タバコの栽培のために米などに使う田畑が奪われることなどでした。

ところが、人間のタバコに対する欲求は強く、それから20年経った頃には、禁止は有名無実化しました。１７００年代には、幕府も、最初にもっとも厳しく禁止した薩摩藩も、財政上の理由からタバコの栽培を奨励するようになったのです。

すでにタバコの害は医学的には確定しています。若干の異論はあるものの、呼吸器系の疾患や血管系では、致命傷になる病気を起こします。それでも、他人にそれほど大きな害は与えません。タバコを吸っている人と一緒に住んでいる人の健康障害の可能性は確率的には40

分の1といわれ（イギリスの機関の調査）、それほど大きいものではありませんし、私のように物理化学を専門にしているものにとっては、気体の拡散という点でも、危険性の程度としては納得できる数字です。

社会的に害を与えるものといえば、「自動車」があります。日本国内だけでも、交通事故で年間7000人という死者を出し、負傷者に至っては年間120万人に上ります。120万人というと、日本の人口の100人に一人です。だからといって、自動車を禁止しようという話にはなりません。

冬山登山についても、毎年、日本だけでかなりの人が犠牲になりますし、二次災害の恐れもありますが、冬山登山を禁止するという話にはなりません。人間は精神的な存在ですから、冬山登山は、登山する人以外には何のメリットがなくても「認めよう」ということになっているのです。

＊依存性比較

さて、ここまで準備をしたところで、麻薬とお酒、タバコ、コーヒー、そして大麻（本来はカンナビノール）を横断的に見ると、どのような関係になるでしょうか？

ヘロインなどの典型的な痲薬と、アルコールやタバコ（ニコチン）などの嗜好品と大麻の依存性などを調査した結果が、複数報告されています。

その一つ、少し古くなりますが、1963年にWHO（世界保健機構）が分類したものを表4に示します。

薬物の種類	精神的依存性	身体的依存性	耐性の獲得
ヘロイン	◎	◎	◎
アルコール	◎	○	○
アンフェタミン	◎	—	◎−○
コカイン	◎	—	—
幻覚薬	△	—	○
たばこ	◎	—	◎
大麻	○	—	△

※ ◎は強い作用、○は中程度の作用、△は弱い作用、一は作用が認められないことを示す。

表4　WHOの調査による痲薬、嗜好品、大麻の依存性比較（1963年）

これによると、痲薬として有名なヘロインは精神的な依存性、身体的な依存性がともに強く、まさに痲薬です。続いて、アルコール、コカイン、タバコなどがほぼ同じ依存性を持っています。でも大麻は、精神的依存性、身体的依存性、耐性のいずれもあまり強くなく、他の痲薬や嗜好品と較べて、問題にならないようです。「大麻は危険だ」と思っていた人は、先入観を捨ててこの表をじっくり見てください。

1994年には、アメリカ国立薬物乱用研究所が、麻薬と嗜好品の比較表（表5）を出しています。項目はWHOのものと少し違いますが、依存性ではニコチンが、禁断性ではアルコールが、耐性ではヘロインが、切望感ではコカインが、そして陶酔性ではアルコールがもっとも大きな効果を持つとしています。

「はまる（禁断症状）」という点で、麻薬は危険ですし、ましてヘロインは禁断性が高いだけでなく、耐性――だんだん量が多くなってくる――という点でも危ないことがわかります。

アルコールは強い禁断性や陶酔性を持っているので、「危険な麻薬」ということができます。これに対して、大麻は依存性、禁断性がほとんどなく、嗜好品としては安全なものといえます。

その後、2006年にはイギリス下院科学技術委員会のレポートが公表されていますが、ここでも、大麻はお酒やタバコより安全とされています。

不思議なことです。科学的で総合的な研究報告で「大麻は危険」というデータがないのです。それなの

薬物の種類	依存性	禁断性	耐性	切望感	陶酔性
ニコチン	6	4	5	3	2
ヘロイン	5	5	6	5	5
コカイン	4	3	3	6	4
アルコール	3	6	4	4	6
カフェイン	2	2	2	1	1
大麻	1	1	1	2	3

※数字の大きい方が作用が大きい。

表5　アメリカ国立薬物乱用研究所による麻薬と嗜好品の比較表（1994年）

になぜ、日本社会はもちろん、専門家まで大麻は痲薬性があり危険としているのでしょうか？

一つには、科学的なレポートなどを読む人は少なく、テレビや新聞の情報で判断する人が多いことがあげられます。しかし、テレビ局の記者も新聞記者も、毎日の取材や放送に追われて、大麻のことをそれほど勉強しているわけではありません。逮捕されたのだから悪いのだろうと考える人が多いのです。加えて、現代のマスメディアは「読者や視聴者が喜ぶこと」にとても注意しています。そのため、社会が「大麻は悪い」と思っているなら、そのように報道するというバイアスが働きます。

最後に「入り口論」について触れておきましょう。

大麻を吸うことが、そのうち痲薬に手を染めるようになるという入り口論は、すでにアメリカなどの委員会で否定されています。しかし、いまだに根強く「入り口論」が主張されるのには理由があります。

日本では、大麻取締法で逮捕されると、大学や職場から追放され、アウトローの世界に追いやられます。そうなると、気分的に「アウトローである」ことを続けようとしますし、社会的にもアウトローでなければ生きていけなくなります。ですから、形としては「大麻が痲薬の入り口になる」のですが、正確には「社会が個人をアウトローに追いやることが、痲薬の入り口になる」のでしょう。

3　おお、勘違い！

＊三つの結論

大麻の秘密のベールが少しずつはがされてきました。学生の大麻所持や栽培が見つかった時にマスコミがあれほど騒ぐだけの見識を持っているのか、疑わしくなってきました。

本書執筆の動機の一つは、逮捕された学生の人生をダメにするぐらい、大麻は害をなすものだろうか？　という疑問です。

すでに日本には大麻取締法があるのですから、大麻で逮捕されれば、その学生はそれだけで相当な制裁を受けることになります。それに加えて、マスコミから社会的制裁を受けるほど極悪非道なことなのかということです。

つまり、本書が大麻について明らかにしたいもっとも重要な点（第一結論）は、「日本人は大麻を痲薬として取り締まるべきかどうか、一度も考えたことがないらしい」ということです。

そうなると、「大麻で汚染された」学生を非難しているテレビや新聞は、「アメリカが禁止したことを守らないのかっ！」と叱っているようなものです。

マスメディアが十分に考え、大麻の薬効について詳細な見解を持っているなら別ですが、「法律があるから」というだけで、前途ある学生を痛めつけるのはどうでしょうか。

そして、本書の二つ目の結論は、「大麻は植物の名前であり、仮に痲薬として指定しなければならないのなら、カンナビノールという化合物にすべきだ」ということです。

現実に「カンナビノールを含まない大麻」があり、「アヘンができないヒナゲシ」と同じなのに、大麻草という植物を規制するのは、カンナビノールの分析方法が確立している現在では、非科学的です（注：カンナビノールは、１９９０年に制定された政令で痲薬の原料などと具体的に指定されていますが、これは大麻取締法の存在に基づく形式的な規定であり、依然として「大麻」で取り締まりが行われています）。

そして、三つ目の結論です。

【第三結論】

「マリファナは、嗜好品の中では、お酒、タバコ、コーヒーより習慣性、痲薬性が弱い。さらに大麻が痲薬の常習への入り口になることはない」


これに対する「専門的な反論」はありません、少なくとも日本では私は見たことがありません。ある化合物が人間に対してどのような薬効があるのかは、専門的な研究によって明らかになるもので、「感覚」や「常識」が入る余地はありません。

また、社会的な影響についても、医学的・薬学的な影響があって、初めて考えるべきものです。

＊大麻取締法を廃止する機会は何回かあった

このように整理すると、あまりに「現在の日本の常識」と違うので、戸惑います。そこで、もう少し角度を変えて、簡潔に考えてみたいと思います。

「大麻は痲薬である」とします。そうすると、「日本の大人は子供だ」ということにならないでしょうか？　つまり、大麻の薬効に関する報告書を読まない、なぜ大麻が禁止されているかを考えたことがない、ただいわれたままのことを信じているだけ、ということになります。
と、子供には悪いのですが、まるで子供のようです。

大人なら、自分で情報を集め、自分で判断するはずだからです。そうすると、過去の報告書のほとんどが「大麻はシロ」としているのですから、それでも大麻は痲薬と思うのなら、それは判断力がないということになります。

次に、「日本は独立していない」といってもいいようにも思います。

もし大麻を規制すべきなら、少なくとも世界的に痲薬を規制した1924年の第二回アヘン会議の時に行うべきでした。占領軍にいわれて規制し、そのままにしているということを考えると、今でも日本は独立していない感じがします。

日本が大麻取締法を廃止する機会は何回かありました。

最初の機会は、1951年にサンフランシスコ講和条約が締結されて日本が独立し、その機会に占領時の法律が見直された時です。そして、最近では1984年の国連総会において「麻薬及び向精神薬の不正取引の防止に関する国際連合条約」が検討され、1988年にウィーンで採択された時です。国際的な取り決めが決まると、それに応じて日本国内の法律や規則が変わったりしますが、この時も1991年に大麻取締法の改正が行われました。内容は資金等提供罪の処罰範囲の拡大、大麻の運搬の用に供した車両等への没収範囲の拡大、国外犯処罰規定の新設等です。

ＧＨＱの命令で大麻の取り締まりを始めたのは、占領下ですから仕方ありません。先に示したサンフランシスコ講和条約の後の見直しのチャンスでは、まだ戦後の混乱が残り、大麻の薬効をゆっくり議論する雰囲気までにはいっていませんでした。しかし、１９９０年代には、社会もかなり成熟していましたから、せめて、ラ・ガーディア報告とシィーファ委員会の報告を検討すべきだったでしょう。

＊大麻取締法は憲法違反⁉

私には「日本は民主主義ではない」とも感じられます。

現在の日本では、大麻について議論すること自体がとても難しく、大麻取締法で逮捕された人に対するマスメディアの糾弾は恐ろしいほどです。相手が学生でもアウトローの人でも、大麻使用の目的や社会的な影響を問わず、徹底的に批判して、社会から追放してしまいます。

民主主義というのは、自分の意見と違う意見を持つ人を尊重することでもあります。法律は法律ですから、逮捕されるのはやむをえないとしても、大麻については「厳しく取り締まるほどのことはない」という意見も多数出されています。事実、医学的、社会学的にはそういう報告しかありません。そういう意見を無視するのは、民主的ではないように感じられます。

かつては、大麻の中にカンナビノールが含まれているかどうかを調べるのは非常に大変でした。現在では、液体クロマトグラフィーなどの手段で簡単に調べることができます。ただ、大麻の取り扱いが禁止されているので、特別の許可がない限り分析すらできない状態にあります。この条件が非常に厳しく、私の関係する研究室でも申請しようとしていますが、難しい情勢です。

つまり、まったく精神的作用とは無関係な産業用大麻を所持していても、うっかりすると逮捕される可能性があるのです。

民主主義というのは自由な発言を許すものであり、その発言を聞いて、みんなで考えるというプロセスを大事にします。それに対して、政府やマスメディアなど「特定の人たち」が一方的に自らの考えを国民に強制するのは、社会体制としては封建制とか絶対主義に近いのではないでしょうか。

ここまで、大麻についてかなり踏み込んで書いてきました。少し過激になりますが、さらに厳しい見方を示しておきます。

「大麻取締法は、もしこの法律がなければ犯罪者にならない善良な人を犯罪者にしている。つまり『法律が犯罪者を作っている』といってもいい状態である」

仮に「カンナビノールを含んでいない大麻を栽培していたら逮捕された」ということがあれば、明確に憲法違反といえるのではないでしょうか。大麻取締法についても、その適用範囲は憲法やその他の慣習法の範囲にとどまります。罪のない人を逮捕するのは許されないことでしょう。法律に不備があるからといって、憲法に保障された国民の基本的人権を無視する、つまり罪もないのに逮捕することなど許されないのは、いうまでもありません。

もうひとつ、仮に法律に誤記がある場合（カンナビノールの代わりに大麻草と書いていること）、それを指摘するのが学者であり、裁判における具体的な判決というものでしょう。また、マスメディアも表現の自由を活かして、不備な点を告発するべきでしょう。

＊司法の先入観

法律の不備をただそうとする司法の活動も見られます。

大麻取締法は「カンナビス・サティバ・エル」という大麻草を取り締まりの対象にしていますが、実は大麻なら何でも取り締まっているということに対する裁判官の見識が示されたことがあります。

アメリカでは、1974年に「マリファナ所持を規制したコロンビア州の法律は、カンナビス・サティバ・エルのみに適用されるから、国は押収したマリファナの種がカンナビス・サティバ・エルであることを立証しなければならない」という注目すべき判決が出ています。

要は、法律に「カンナビス・サティバ・エル」を規制すると書いてあるのに、「大麻なら何でも取り締まる」というのは間違いだと、裁判官も疑問に思っているのです。ところが、日本の最高裁には正反対の判例があります。これは、日本の司法が行政から独立していない一つの証拠といえるでしょう。

取り締まる方に、「大麻は痲薬であり、薬効が強い」という先入観があり、それに基づいて判決を書いている可能性もあります。

大麻取締法に強い疑念を示しておられる丸井英弘弁護士の資料を、本書でも参考にさせていただいていますが、その中に1979年の大麻裁判の判決文の一部が引用されています。

「アルコール及び煙草についてもこれを多量に使用するときは有害であることは医学的常識

であり、近時その弊害の重大さが認識されているが、これらの物は我が国の社会において嗜好品として長年月にわたって用いられて来たものであって……」。

つまり、お酒は大麻より有害だが、古くから使われ、みんなが楽しんでいるから問題はないという趣旨の判決です。

どうも、アルコールとタバコは「多数が悪いことをしているから認められる」ということであり、「大麻は少数が悪いことをしているので認められない」という論理で、スッキリしません。

このような論理は、現実の判決で多用されますが、「大麻は悪い、悪いものは悪いに決まっている」という結論が先にあって、それに屁理屈をつけた判決といえるでしょう。この論理なら、多くの日本人が大麻を使うようになったら罰することができない、ということになります。

日本人が「法律は正しいのだ」と考える風習は、社会秩序を保つのには役立っています。しかし、裁判所などのように、厳密に論理を立てなくてはならないところでも、最初に「結論ありき」だと、日本社会の健全な発達は望めないでしょう。

もう一つ、丸井弁護士の著作から引用しましょう。

「被告人が『マリファナは気持ちがリラックスし、音楽を楽しめるし、食欲も増進する。ニコチン・タバコやアルコールよりも体にマイルド』と素直に自分の体験を表現すると（中略）『反省の色がない』という見方をする検察官や裁判官が非常に多い」

被告人が、マリファナはさして問題がなかったという「事実」を証言しようとすると、司法側は「反省していない」と受け取るのです。

懲役5年から7年という重罰が科せられる犯罪だから、「きっと体に悪いに違いない」と逆の推論をしているのです。これは、大麻取締法がもともと体に対する影響とは無関係に成立しているという歴史的事実を無視していることから、起こったことです。

根拠なく何かを決めると、「決めたこと」が一人歩きをするというケースの典型でしょう。科学方面の専門家や薬剤師の人で「大麻は法律で禁じられているから痲薬である」と書いている人がいます。法律が科学の事実を決定しているというのですから、そもそも科学とはいえません。

＊法律の循環論法

一方、大麻を痲薬として取り締まるのは、それほどおかしくはないという意見もあります。

たとえば、慶應義塾大学の安富潔教授は、「大麻に対する規制が酒、煙草に対するそれに比して厳格に過ぎ、取り扱いに不均衡があるとすることはできない」としています。

大麻が痲薬的な薬効をもつという医学的な証明はないのですが、それでも大麻取締法は、憲法上も、また刑法の体系の上からも、それほど問題ではないという考えが、お役人や裁判所、法学部教授などに多いことも注目しなければなりません。

ただ私には、これらの法律論議には「本質論と形式論」、それに「循環論法」が使われているので、結論を得るのは難しいように思います。

つまり、大麻取締法が不適切で憲法違反の可能性があるという論の方は、

1、法律の成立過程で大麻の影響が議論されていない。

2、体や社会に対する影響はお酒の方が強いのに、お酒は無罪で、大麻は厳罰というのは不適当だ。

というところにあります。

これに対して、大麻取締法を擁護する人たちは、

1、法律の成立過程を議論しても始まらない。

2、お酒と比較することは無意味である。お酒は多くの人が楽しんでいるのに対して、大

麻は少数派だ。

といいます。

「法律で決まっているのだから、お酒と比較しても意味がない」という論法は、一種の循環論法ですから、感心しません。循環論法というのは「AだからBだ」といい、逆を聞くと「BだからAだ」と答えるという方法です。

大麻と法律をめぐる議論を締めくくるにあたり、「参加」の意味を考えてみます。

ヨーロッパの法律と日本の法律を比較する専門的議論の中で、「参加」という概念の違いが研究されています。その結果を簡単にまとめると、日本人は法律に対する参加意識がなく、ヨーロッパ、特にフランスなどの西ヨーロッパでは、参加意識が強いとされています。

その理由は、「日本にはまだ民主主義が定着せず、法律はお上が決め、国民はそれを守る」「法律で決まったことは自分には関係ない」という意識が強いことが原因といわれています。

私は、大麻の問題を考えることは、直接的には犯罪者を減らすことや日本文化を見直すことなどにおいて意義があると考えています。もう一つ、今後日本人が、法律制定に参加するのか、あるいは避けて通るのか、社会の一員としての役割をどう果たしていくのか、文化や政治、社会など、多岐にわたる課題の入り口になると思っています。

第五章　大麻と法律、大麻と社会

大麻についての知識はほぼ完璧になりました。では、このゆがんだ状態に、どう始末をつければいいでしょうか。そのことを、この章では考えていきたいと思います。

1 「悪法も法」という思考停止

＊お上と違うデータは捏造《ねつぞう》？

この本が普通の話題を取り上げた本なら、公序良俗に反しない限り、憲法で「表現の自由」が保障されていることもあり、私が書きたいように書くことが許されるでしょう。でも、日本社会は「表現の自由」を自ら血を流して獲得したのではなく、学校で抽象的に勉強しただけなので、概念自体をよく理解していません。

かつて私が「リサイクルをすると資源の無駄使いになる」という趣旨の本を出版した時のことです。私に対して「お上（国）のいうことに逆らうとはどういうことか！」「日本は法治国家だから、法律（リサイクル法）を批判してはいけない」という主に二つの批判がありました。

最初の批判は、お上（殿様）の決めたことに異議を唱えるのはおかしいといっているのと同じです。この言い分は、一面では正しいかもしれません。何しろ、日本では公僕であるはずの高級官僚が民間に就職するときに「天下り」という用語を使います。民主主義を守るべき新聞までもが「天下り」という用語を使うのです。だから日本の民主主義（民が主で、官は公僕）は怪しいものです。

また、「お上と違うデータは捏造だ」という反論もありました。これにはビックリしました。日本には、お上の出した科学的データは正しく、学者が「個人的に」出したデータは正しくないという意識もあるようです。もともと研究したり、データを整理したりするのは個人ですから、これはまったくの見当外れの批判です。

さて、第二の批判――「悪法も法」だから、いくら民主主義国家でも、国会で決まった法律の批判は許さないという考え方について、話をしておく必要があります。

たしかに、民主的手続きを経て国会で制定された法律は尊重しなければならないように思えます。

少し慎重に話を進めましょう。

＊「正しいこと」を決める四つの手段

まず、人間社会で「正しいこと」を決める手段について、整理しておかなければなりません。それには四種類の手段があります。

1、神様が正しいことを決める（宗教：教団内だけで有効）
2、偉人が正しいことを諭す（道徳：かつては通用したが、今は難しい）
3、相手が希望を述べ、それを正しいと決める（倫理：相手との関係で決定）
4、社会が正しいことを決める（法律：所属する社会の内部で成立）

まず一つ目の決め方について。とにかく一番すっきりするのは、神様に正しいことを決めていただく方法です。神様ですから、異議を唱える人はいないでしょう。ただ、神様がお一人だけならいいのですが、何人もの神様がおられますので、必ずや異議が出ます。

二つ目の偉人が決める「道徳」は、最近までかなりの納得性を持っていました。しかし今ではさっぱり信用されなくなっています。若者などに「孔子様は『親に孝行しなさい』といわれたんだよ」などといっても、まったく取り合ってもらえません。

三つ目の「倫理」は、道徳と紛らわしいので誤解されることもあります。倫理の黄金律は「人のしてほしいことをしなさい」と「人のしてほしくないことをしてはいけません」ですから、相手によって正しいことが決まります。ただし、痲薬の害のように、社会全体が相手の場合は指針になりません。

そこで、四つ目の法律の出番です。法律で決められたことは、もともと「それが本当に人間にとって正しいか?」ということとは少し距離があり、どちらかというと、社会を安寧に運営するための約束事という意味を持っています。

ですから、法律に異議を唱えることは「道徳的・倫理的に問題」ということにはなりません。また、法律の改正というのは常に行われています。法律を改正するためには、その法律を批判する必要があるので、法律の批判を許さないというのも筋が通っていません。

でも痲薬に関しては、それを規制する法律を批判すると、かなりの攻撃にあうでしょう。「痲薬は絶対に許してはいけないものだから、他の法律とは違う」という考え方があるからです。

そこで、一つ歴史的な話を追加しておきましょう。

＊民主主義では大いに議論しなければならない

古代ギリシャに、ことのほか優れた哲学者がいました。その名はソクラテス。この世を去ってから２４００年以上も経っているのに、彼の考えは厳然として、いまだ光を放っています。

詳細は省きますが、ソクラテスは、若者たちに害悪を及ぼした罪で起訴され、死刑の判決を受けます。その判決を受けて、彼は監獄に収監され、死刑を待つことになります。アテナイの人は「いくら何でもソクラテスのように優れた人を死刑にするのはおかしい」「でも法律的には死刑だ」というジレンマに苦しみます。そこで「ソクラテスを監獄に入れるけれど、監獄の扉を開けておく」という解決策をとりますが、ソクラテスは監獄を出ません。

やがてソクラテスの最期の日が来ます。彼は、監獄から出ることを勧める弟子たちに「悪法も法なり」といい、毒杯をあおって死ぬのです。

自分が正しいと考えることを、命をかけて守ったというこの話は、法律と社会に住む人の義務をよく示しています。

ある道路を車で走っている人が、制限速度が50キロであることに腹を立てて「こんな道路は70キロでも大丈夫だ」といってても仕方ないことです。50キロ制限が絶対的に正しいかどうかは議論のあるところですが、「法律は、それが正しいかどうかより、社会の秩序を守るものとして、決められたもの」ですから、現に走行しているときに、制限速度に苦情をいっても意味がありません。

このことと、大麻取り締まりについて少し考えてみましょう。

大麻取締法はＧＨＱが作らせた法律です。ですから、「日本の社会も日本人も、一度も大麻が悪いかどうか判断したことがない」という意味で、民主主義のもとで作られた法律かという点で疑問があります。

アメリカの元の法律も、禁酒法の後、痲薬性についての十分な議論がなく政治的に作られたものだとすると、社会的に大麻を取り締まるべきかますます疑問です。

「悪法も法である」「日本は法治国家だ」という建前と、占領軍が作らせた法律で、深く検討されていないという事実を、どのように考えるのか。

「法律だから守らなければならない」というのは国民の義務です。その意味で、大麻取締法がいかに間違っていても、それに違反したら逮捕されるのはやむをえません。しかし、その大麻取締法が適切なものであるかどうかは、民主主義では大いに議論しなければならない、そのことをソクラテスは教えてくれています。

2　世界の大麻規制の現状

＊アメリカの大学生の54％が経験者

まずアメリカ合衆国では、すでに19世紀の半ばから医薬品として大麻が使用されてきました。1876年に開かれたフィラデルフィアの万国博覧会では、オスマントルコ帝国のパビリオンで大麻の吸引が実演されました。これは、オスマントルコのスルタン（王様）が大麻を嗜好《しこう》していたことが、展示の理由とされています。

アメリカは、大麻課税法で世界に先駆けて大麻の使用を禁止した国ですが、その後も若い人を中心に大麻の使用が広がっています。特に1960年代はフラワームーブメントやベトナム戦争があり、アメリカ社会が荒れたこともあって、大麻問題は複雑な様相を呈していきます。

1977年に出されたアメリカ国立薬物乱用委員会の調査結果によると、当時、4300万人いたアメリカの成人の実に4分の1が、マリファナを使用したとされています。また、日常的にマリファナを吸っている人は10％といわれています。大学生では54％が経験者であると報告されています。

アメリカの現職大統領であるバラク・オバマ氏も、自伝で、学生時代に大麻を吸ったことを告白しています。オバマ氏自身、現在の大麻の取り締まりについては疑問を持っていると伝えられています。

1975年には、アラスカでマリファナに関する裁判があり、州の最高裁判所は「成人は自宅でマリファナを所持したり使ったりする権利を有する」との判決を出しました。カーター大統領も1977年に「薬物の所持・使用に対する処罰は、その薬物使用が個人に与える影響よりも大きな害を与えてはならない」としています。

1961年の国際条約（麻薬単一条約）で、マリファナをアヘンやヘロインなど本当の痲薬と同じ取り扱いにしました。ところが、アメリカなど数カ国以外は、少量のマリファナ所持を取り締まっていません。またオランダ、デンマーク、イタリアでは公《おおやけ》に使用が認められています。

イタリアでは、少量の大麻が薬局で売られています。オランダでは「あまり問題のないものを厳しく罰すると、それがかえって社会を混乱させる」という判断から、規制を緩めています。

２００８年の秋、日本のあるテレビ局が大麻問題を取り上げました。その時、大麻の規制が緩いオランダから来た人が「なぜ、大麻を取り締まるのですか？大人なのだから、自分で判断したらいいじゃないですか」といっていました。実際それほど簡単ではないと思いますが、そのオランダ人の発言は、まさに一つの見識でしょう。

人間は自分で判断し、行動できるのですから、大麻のように薬効が低く、お酒やタバコより安全なものを、単に「法律で決めてあるから」とか「アメリカ人に押しつけられたから」という理由だけで、禁止していることに対する鋭い批判です。

このように、大麻の規制については、各国の足並みがそろっているわけではありません。実質的にアメリカの支配下にある現在の世界では、大麻についても、おおよそアメリカの思想のもとにあると考えればいいと思います。

世界の大麻の規制に関する詳細なデータは、ネットを通じて得ることができますので、検索してみてください。

＊人を罰したい日本人

大麻を巡る法律論では、「刑法で罰することができる限界は、その犯罪がもたらす被害を越えることはできない」というものがあります。

たとえば、殺人事件なら死刑が最高の刑ですが、10万円を盗んで死刑ということはありません。人のお金を盗むことは言語道断で、許すことはできません。だからといって、10万円を盗んだから死刑というのも行きすぎです。

もし大麻が何らかの社会的な影響を与えるとしたら、罰則はその影響に見合ったものにすべきですが、その点、日本では、大麻が社会に与える影響がハッキリしていないのに、大麻に関する罰則がきわめて厳しいのです。巻末資料として、麻薬関係法の罰則一覧を掲載していますので、ご覧ください。

では、大麻が嗜好品として使われていたアメリカやヨーロッパで、大麻による犯罪事件が頻繁に起こっていたかというと、実害はほとんど知られていません。「実害なき犯罪」ということになります。

すでに「大麻が麻薬の入り口になる」という「入り口論」を紹介しましたが、この入り口論は、大麻を吸うことが社会にどのような被害を与えるのかハッキリしないところから生まれたものです。大麻肯定派からの反撃に対して「大麻自体は大したことがないけれど、それがもっとハードな麻薬につながるから」という奇妙な理屈を出してきたのです。

人間には、なぜか「人を罰したい」という気分があります。特に、人より真面目に生きてきたという自負を持っている人に、そういう傾向が見られるように感じます。

大麻に対する日本社会の反応を見ると、こんな日本人の深層心理が透けて見えるような気がします。

＊日本の伝統が、アメリカの思想に敗れた？

「世界の規制と大麻」という点で、私は別の視点からの考えを示しておきます。

まず、日本は長い伝統を持つ歴とした独立国です。ですから、世界の情勢を参考にするにしても、日本の伝統をしっかり考えるべきだと思います。

もともと日本は、大麻草を「文化として貴重なもの」として使い、他の国のように痲薬としては使ってきませんでした。さらに、日本で育てられていた大麻草にはカンナビノールが少なく、痲薬になりません。

この点が「日本人が考える大麻問題」ではもっとも重要なことと思います。

つまり、日本は「大麻を痲薬としてではなく、貴重な資源の一つとして生活の中で有効に使い、それを文化にまで高めていた」という世界でもまれに見る国でした。もちろん、アメリカも大麻課税法の成立前まで、天然繊維として使っていましたが、少量にすぎません。大麻という植物に関しては、自然の恵みとして利用していた日本が、大麻を悪い方向で使う国、アメリカの思想に敗れたともいえます。

そこで、日本が独立国として、民主主義の国として、さらに日本人が大人として大麻の問題に取り組むために、その基礎となる「北の国と南の国」と「生物のピラミッド」の話をしてから、結論に進みたいと思います。

3　北の国と南の国

＊なぜ痲薬は南からやってくるのか？

大麻草は、歴史的にも古くから栽培されている麻の一種で、世界的にさまざまな種類があります。その中で、日本で縄文時代から栽培されてきた大麻草は、精神的な作用を持つカンナビノールをほとんど含まないため、大麻を吸引する習慣はなく、もちろん痲薬としての効果などまったく関心の埒外《らちがい》であったことは本書で示したとおりです。

一方、カンナビノールを含む大麻草は、やや南の暖かい国で栽培されていました。そして、そのような地方では大麻を吸引する習慣があったのです。大麻の他にも、多くの痲薬は「南の方」で好まれる傾向があります。その理由を考えてみましょう。

現代社会で、「痲薬」はもっとも忌み嫌われるものの一つです。痲薬を使うと普通の社会生活が送れなくなり、それが社会に蔓延すると、社会全体が崩壊すると恐れられています。

人類が町や村を作るようになったのは、今から1万年ほど前といわれています。そして、その頃からお酒や痲薬などが使われていた形跡があります。人間は精神的な活動の度合いが高く、その精神もいつも安定しているわけではなく、さまざまな悩みや苦しみを持ちます。そんなときに、お酒を飲んで緊張を解いたり、仲間と楽しい時をすごしたりすることがいかに大切か、多くの人が体験しているでしょう。

タバコや痲薬といったものは、人間の精神的な活動によって生まれてきたもので、昔はそれほど強く規制されたり、禁止されたりするものではありませんでした。

これからしばらくの間、一見、大麻と関係が薄いと感じられる話が続きます。ただ、日本人が痲薬のことを考えたり、判断したりする時に、どうしても避けて通れない知識です。本格的に「大麻とは何か、そしてどうすればいいのか」を書く前に、触れておきたいと思います。

＊緯度が高くなるほどGDPは高くなる

地球上では、さまざまなところに人間が住んでいますが、一般的に、南の国は生活が楽で、北に行くほど生活環境は厳しくなります。特に南太平洋の島々は、まさに「地上の楽園」で、気候や風土、そして食べ物に恵まれています。

椰子の木やバナナ（バナナは木ではなく草ですので、バナナの木といえない）の近くに住めば、熟してきた頃、椰子の木に登ったりバナナをもいだりするだけで生活できます。そして、簡単なボートで海に出れば、魚や貝などを捕ることもできます。実にのんびりした人生が送れるのです。

このような生活をずっと続けていると、人間は「怠け者」になります。「怠け者」というとその人を非難しているように感じられるかもしれませんが、何をしなくても食べることができ、着るものも簡単で、その辺に適当にハンモックでも吊って寝れば凍死することもないという恵まれた環境で、働く方がおかしいといえます。

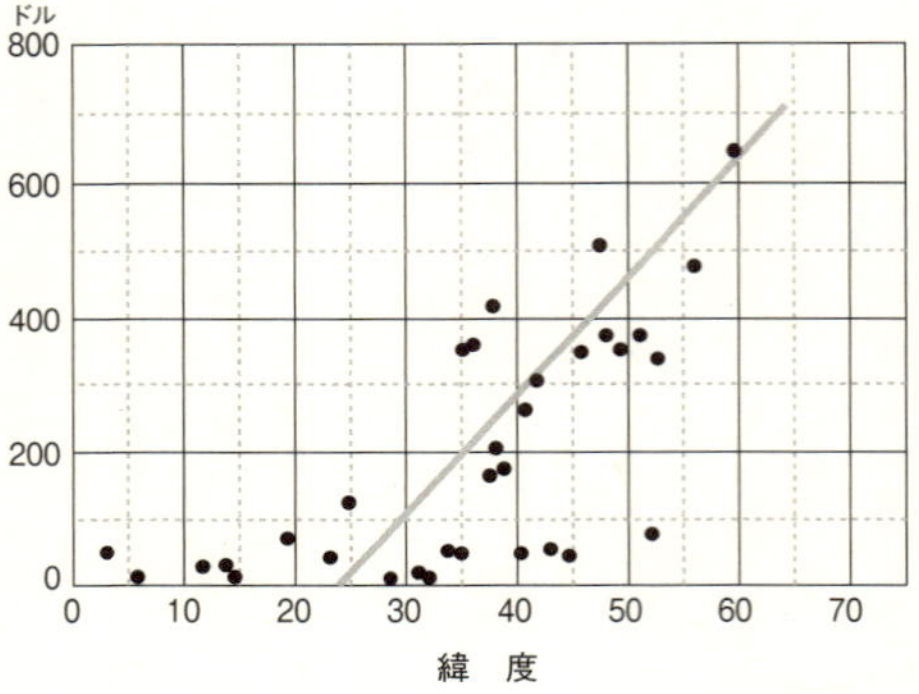

総務省統計局
「世界の統計2007」1995～2005年より作成

図10　緯度と一人あたりGDP比較

逆にいえば、勤勉に働かないと餓死したり凍死したりする環境だからこそ、日本国憲法に定められた「勤労の義務」や、ピューリタニズムなど、まじめに働くことが第一という考え方が生まれてきたのでしょう。

実際に、緯度（赤道は緯度が0度で、北と南に行くほど緯度が高くなる）が上がるにつれ、そこに住む人の所得（GDP）が上がっていきます。

図10は総務省統計局のデータから作成したグラフです。国民一人あたりの所得（GDP）をドルで示すと、緯度が25度ぐらいまでは所得が低いのですが、それより高くなると直線的に所得が増えていきます。日本は北緯35度ですから、世界全体で見ると低緯度で、所得は2万ドルぐらいのはずですが、実際には5万ドルを超えます。ですから、かなり特異な国ということができます。また、イギリスのロンドンは北緯50度付近ですから、イギリス人が平均所得が高いの

もうなずけるところです。

日本は「緯度が低くて気候がいいのに所得が高い」ということになりますが、これは、よくいわれる「日本人はまじめ」という特徴が如実に現れているともいえます。

「暖かいとサボる」というのは人間だけのことではありません。それはバナナも同じです。バナナには「種があるバナナ」と「種がないバナナ」があります。普通の果物のように、人間が苦労して「種なし」を作らなくても、バナナは簡単に種なしになります。それは、わざわざ種を作らなくても、バナナの茎が折れて地上に落ちると、そこから新しい芽を吹くからです。寒い地域では、頑丈な種を作っておかないと、種が落ちたところが雪で覆われていたりするとそのまま死んでしまいます。

いつ何時、ひどいことになってもそれに耐えられるように準備をするのが北国です。暖かければ「まあまあ、なあなあ」でもひどいことにはなりません。

そんな南の国で、毎日何をするのでしょう。何しろ、お腹が空けばすぐにバナナや魚で満たせるわけですから、一日の大半はぼんやりしていることになります。

そして、昔はテレビや新聞、インターネットがあったわけではないので、毎日退屈です。現代の日本人でも、定年を迎え、毎日家にいるようになると、朝からお酒を飲むようになる人もいますが、南の国の人も同じでした。そういう生活の中では、お酒や痲薬が時間をつぶすために、とても大切なものになります。

カンナビノールを多く含む大麻もそうでしたが、痲薬は南の国からやってきます。北の国の人は、生活が大変なので、そんなものが入ってきたら困るから排斥しようとします。そこに「痲薬取り締まり」が発生するのです。

誤解してほしくないのですが、ここで痲薬を吸う文化がいいとか、南の国は痲薬に汚染されているなどといいたいわけではありません。現代は「多様化の時代」「価値観を認め合う時代」とよくいわれます。痲薬のように一見議論の余地がないようなものでも、さまざまな歴史的、文化的背景や価値観があることを認識してほしいのです。

4　持続性社会を考える

大麻は持続性社会と深い関係があります。大麻からできる製品だけでなく、神社を中心とした精神的活動もそうです。

この節では、一見、大麻とは関係のない自然界の話をしますが、それが深く大麻と関係していることを、理解していただければと思います。

＊オオカミの知恵

現在の地球では、人間があまりにも活発に活動しすぎて、いろいろな問題が起きています。大気や海洋が汚染されたり、異常気象が頻発したり、さらにはある種の動物の数が激減したりしています。これは「人間という動物が働きすぎている」結果に他なりません。

たとえば、アフリカのサバンナには多くの動物が住んでいますが、百獣の王と呼ばれるライオンはあまり働き者ではありません。いつも悠々としていて、草原でごろごろしています。まして雄のライオンときたら、せっかく強力な牙と戦闘能力を持っているのに、集団が狩りに出るときでも雌に任せて出撃しません。

なぜ、ライオンはごろごろしているのでしょうか？

動物の集団において、もっとも強い動物が働き者で朝から晩まで狩りをしていると、餌食《えじき》となる動物はどんどん減ってしまいます。すると、一番強い動物だけが増えて、あとはすっかり死んでしまい、その後、その強い動物は餓死するハメになります。

シャーレの中にミドリムシと肉食のデデニュームを入れて飼育すると、最初は、デデニュームはミドリムシを食べてその数を増やします。程なくシャーレの中のミドリムシが食べられていなくなると、今度はえさを失ったデデニュームが減り始めます。そして、最終的にはミドリムシもデデニュームもいなくなるのです。

全体を見渡すことができない、あるいは後先が考えられない知恵の足りない生物は絶滅して、もう少し節度のあるものが、淘汰の結果、現代の地球で生き残ってきたに違いありません。

その一つの例がオオカミです。

アメリカとカナダの国境にある五大湖の一つに、スペリオル湖という湖があります。ニューヨークに近いエリー湖とは逆で、スペリオル湖はもっとも西側（誇張していえばサンフランシスコ側）にあり、緯度的にはもっとも北に位置しています。

ミネソタ州、ウィスコンシン州などに接しているこの辺りの気候の厳しさは、とても日本では想像もできません。冬ともなると気温が下がり、夜にはピューピューと吹きすさぶ激しい風の音が外から聞こえてきます。丸太でできたがっしりとした家が、冷たく激しい風のために、悲鳴を上げるように軋む。外を歩くこともできません。

そんな極寒の地でも、夏になると快適な生活が訪れます。スペリオル湖の氷はやっと溶け、冬の風に負けずに生き残った木々は緑の芽を吹きます。

湖の北方のカナダに多く生息するオオシカが、湖の畔に憩いを求めてやってきます。そして、そのオオシカの一群を追って、オオカミも湖を遠巻きにしています。

シカは大型の草食動物ですので、鋭い牙を持ったオオカミでもそう簡単に捕らえることはできません。しかし、集団で統制のとれた狩りを行うオオカミにいったんねらいをつけられたら、とても逃げ切れるものではありません。スペリオル湖の岸辺で遊んでいたシカたちの何頭かは、たちまち餌食となります。

１９０８年は、オオカミの活動が特に活発な年でした。多くのシカがオオカミに襲われ、無惨な死骸を晒しました。

繰り返されるオオカミの攻撃に耐えられなくなった数頭のシカが、追われるようにして湖の中へと泳ぎだしました、スペリオル湖は向こう岸がまったく見えないほどの大きな湖ですが、オオカミに襲われるくらいならと、行き先のない逃避行を始めたのです。

スペリオル湖には岸から22キロ離れたところに〝ロイヤル島〟という島があり、このオオシカの一団は、幸運にもこのロイヤル島に泳ぎつきました。この逃避行はたいへん幸運でした。というのも、このシカの一団が１９０８年に泳ぎ着くまで、この島には大きな動物が泳いで渡ってきたことはなかったのです。

オオカミの追撃の恐怖におびえ、ヘトヘトになってロイヤル島に上陸したこのシカの群れには、この島は天国のように見えたでしょう。もうオオカミに襲われる心配はないばかりか、島には樹木が生い茂っていたからです。

こうして、ロイヤル島に移り住んだシカの一団は、1915年には200頭にも増えました。さらにそれから7年、温暖な気候が続き、シカたちにとって天国のような島の生活が続き、シカはその数をさらに増して1922年には3000頭あまりになっていました。

でも、ロイヤル島のシカの王国は、この年を境に急激に衰退していったのです。

翌年は少し気候が不順でした。その頃から、何となく草原の草が少なくなってきました。元気のいい若いシカたちは、味の落ちた草原の草を嫌がり、生い茂った樹木の若芽をむさぼるようになったのです。

それは決定的な打撃を与えました。草原の草は目に見えて貧弱になり、もうどのシカも草原の草だけではお腹がいっぱいにはならなくなりました。

この年、年老いたシカが何頭か死にました。さらに次の年、草原にはもう食べられる草はなく、頼みの綱であった木の葉もありません。その前の年に、若芽をすべて食べ尽くしてしまったからです。

実に2000頭あまりのシカが、それから七年のうちに餓死しました。やせ細ったシカの死骸が、ロイヤル島を覆い尽くしました。シカを襲う生き物がいないにもかかわらず、自然の反撃で死に絶えたのです。

残されたシカにとっても、島は地獄でした。記録によると、1930年代から1940年代にかけて、シカの数は800頭とされていますが、彼らも昔の面影をすっかり失い、やせ細った体をのろのろと動かし、やっとの思いで草にありついていたようです。

1948年から1957年までの9年間、アメリカの北部とカナダの南部は大寒波に襲われました。やっとの思いで生きていたロイヤル島のシカを、厳しい冬の風が襲ったのです。シカの一群はお互いにやせ細った身を寄せ合い、ただひたすら風がやむのを待ちました。

そんな寒波の7年目、1954年のことです。ビッシリと氷が張ったスペリオル湖の上を歩いて、オオカミの一群がえさを求めてロイヤル島にやってきたのです。

1948年から始まった寒波に、島のシカだけが苦しんでいたわけではありませんでした。陸にいる草食動物も、あまりの寒さと草木の成長の遅さに食料不足になり、それを餌にしていたオオカミも苦しんでいたのです。特に寒波が7年目に入ると、草食動物の姿はめっきりと減り、オオカミも極端な飢えに苦しんだ末に、ロイヤル島に移ってきたのでした。この時、島に渡ったオオカミは16頭と記録されています。

オオカミは逃げることができないオオシカを襲い、その力を回復しました。島ではオオシカをいつでもいとも容易《たやす》く捕らえることができました。島にはオオカミ以外の肉食動物はいないので、争う必要もありません。

オオカミは徐々にその数を増やし、3年後の1959年には4頭増えて20頭になり、シカは200頭も減少しました。この時点でシカの生き残りは600頭です。この3年間の状況を見ると、オオカミが1頭増えるごとにシカが50頭減っていきます。オオシカが絶滅するのは時間の問題かと思われました。

ところが、事態は思わぬ方向に進んだのです。

オオカミは1958年を最後にその数を増やさなくなりました。オオカミに食べられ放題だったシカの方は、年老いたシカは全滅し、病弱なシカも餌食になりましたが、残った600頭は、不思議なことに、比較的若く、元気なシカだけだったのです。

1958年には、7年続いた記録的な寒波が収まり、ようやく暖かい気候が戻ってきました。シカが600頭に減ったロイヤル島には豊かな草原が戻り、今度はシカの数が少ないため、木の若芽は十分に回復する期間を与えられました。

ロイヤル島に住む生き物にとって本当の幸福の訪れたのは、オオカミが島に渡ってきて四年目のこの1958年でした。それ以来、二度とロイヤル島に悲劇は訪れていません。

オオカミ0・8トン、シカ45トン、食物2900トンで、ロイヤル島の生物連鎖はバランスしています。オオカミは1週間ごとに自分の体重と同じ重さのシカを食べます。オオカミと同じ体重のシカは、1週間に自分の体重の60倍の草を食べます。それだけの草を育てるためには、25平方キロの土地がいるというわけです。

1933年に起きたシカの大量の餓死は、1年に一回しか芽を吹かない草木の芽を、シカが無制限に食べたことによります。シカは目の前にある草をたらふく食べ、将来のことは考えませんでした。それに対して、オオカミはロイヤル島という狭い土地に閉じこめられている獲物のシカを、無制限には食べないのです。

「この島ならちょうど600頭のシカを生かしておいた方がよい」と、まるで計算しているようにオオカミは振る舞い、しかも、子供を産めなくなった年とったシカや病気のシカを獲物にしていました。オオカミは、「効率」ではなく「持続性」を第一にして狩りをしていたのです。

空気中の炭酸ガスを食べて植物が生長する。その植物を草食動物が食べ、その草食動物を肉食動物が食べるのが〝自然の摂理〟です。

「地上に降り注ぐ太陽と地上にある炭素を最大限に使って、できるだけ多くの〝数〟の生命を作る」という原理をオオカミは知っているだけでなく、無制限にシカを食べないという我慢もできるかのようです。

＊「活動しない」選択

地球上に人間が登場してしばらくの間は、人間は小さな存在でした。他の動物や自然の力の前にひれ伏し、ひたすらひっそりと生活をしていた時代もありました。

ところが、現在の温暖期が訪れると、人類は急激に発展し、今や地球上で人類の敵になる生物はいなくなりました。

そんななか、もし人類があまりにまじめに勉強したり、仕事に精を出したりすると、他の動物は居場所がなくなり、世界は人類だけになっていたことでしょう。でもそうならなかったのは、第一に疫病、第二に戦争、そして第三に「活動しない」生活と痲薬というものが、人類の社会にはあったからです。

人間にとって、一番大切なことは「生きている」ことだとすれば、人口は少ないより多い方が優れていることになります。とはいえ、あまり活動すると他の生物に悪い影響を与えます。ですから、時々疫病や戦争で人口を減らすか、「活動しない」という選択を迫られることになります。そこで南方の一部の人は「活動しない」という選択をしたように思います。「活発に活動して、時々、疫病や戦争で人口を減らす」と「あまり活動しないで、みんなで仲よくすごす」のうち、北の方の国は前者を、南の方の国は後者を選んだのです。

この二つを比較すると、あまり活動しない方がいいような気もしてきます。そうなると、今度は「暇で困る」ことになります。

一日中ぼんやりとしているように見えるライオンが、どんな気持ちでいるのかわかりませんが、人間は頭脳の働きが活発ですから、そんな毎日なら「死んだ方がまし」という人も出てくるでしょう。

＊痲薬と持続性社会

ある南の島では、お腹が減ったら椰子の木に登って実をとって生活していたとします。ある人が「椰子の実をとる器具」を発明しました。すると何が起きるかというと、それまで木に登れなかった女性や子供も簡単に椰子の実をとれるようになり、たちまち島の椰子の実がなくなってしまいます。そうして、島の人たちは、簡単だからといって、勝手に実をとってはいけないことを知ります。

何がいいたいのかというと、社会が原始的で小さい時には、自分が働くと何が起きるか、自分の目で見ることができたのですが、現代のように社会が大きく複雑になると、自分の行動が自然や環境にどのような影響を及ぼすか、直接感じることができなくなる、ということです。

そのため、人間は朝から晩まで必死に働き、地球の活動とはまったく関係のないスピードで自然を破壊します。たとえば、現在、愛知県の人が使っているエネルギーは、愛知県の森や畑からとれるエネルギーの実に1000倍に及びます。しかし、自分たちで森から樹木を切ってきたわけではないので、実感はありません。

ほとんどの痲薬は南の国から来ています。繰り返しになりますが、日本の大麻はカンナビノールが少なく、それを痲薬として使う習慣は育ちませんでしたが、南方ではややカンナビノールの多い大麻が痲薬として使われました。南の国の人々が大麻を使っていたのは、それなりの理由があったのではないか、本人たちが意図する・しないにかかわらず「持続性社会を築くため」だったのではないか、と私は考えています。

生物連鎖の頂点にいるものは、自制してあまり活動しない方がいい。それで暇になった時間を解消するための方法として考えだされたのが、痲薬なのではないか。

すでに専門家は、痲薬が民族性と深く関係していることを見出しています。南米には痲薬を使う民族が多いのですが、陽気な民族はそれを抑えるような痲薬を、日本人のようにどちらかといえば〝暗い〟民族は、陽気になるお酒のような〝痲薬〟を好むとされています。

現在、環境問題に関心が集まり、多くの日本の知識人が「持続性社会」を作ろうとしています。でも、経済発展とともに持続性を保つ考え方や技術はまだ発見されていません。むしろ「持続性」という聞こえのよい言葉を使って、儲けよう、一山当てようという低次元な話が多いのです。

私は、持続性社会のようなきわめて困難な課題に取り組むには、本章で述べてきた、南の国と北の国の差に関する考察や、ライオンの生態、ロイヤル島の生態系の話などが参考になるのではないかと思っています。そのためには、お酒やタバコ、コーヒー、そしてカンナビノールを含む嗜好品の精神的作用について、もう少し積極的に考える必要があるかもしれません。加えて、なぜ20世紀になってから痲薬の取り締まりが必要になったのかについても、考えなくてはならないでしょう。

お酒を含めて、嗜好品と社会のストレスは深く関係しています。経済的に、あるいは物質生産に「役に立たないから」という理由で嗜好品を排斥するにしても、それは法律によって行うべきではありません。より人間らしい、すごしやすいように社会を変えていき、嗜好品に依存しない方向に進むべきだと考えています。

第六章　大麻をどうしたらよいか？

麻薬には、大きく分けて三種類あります。

一つ目は、アヘンやヘロインなどの伝統的な麻薬で、習慣性が強く、依存症になると普通の社会生活が送れなくなってしまうものです。これらの麻薬は、社会から忌み嫌われていますし、社会にも大きな影響を与えると考えられています。

二つ目は、使用することが法律で認められているお酒やタバコです。認められているからといって害がないわけではなく、習慣性があり、摂取しすぎると健康を害します。アルコール依存症になると、普通の社会生活は送れません。また、お酒を飲んで人に危害を加えたり、飲酒運転による死亡事故も後を絶ちません。

タバコの害については、吸っている本人の肺に打撃を与えることはわかっていますが、精神的な影響も含めるとハッキリしていません。また、本人だけでなく、副流煙によって周囲の人にも健康被害を与えるといわれています。

これらのものは、不思議なことに社会的に容認されています（タバコに関しては、禁止されていた時期もありました）。

三つ目は、大麻に類するものです。麻薬性は弱く、「本人が少し気持ちがいいだけ」というものです。お酒やタバコと比べて、使用した場合の健康上の打撃も、社会的影響も格段に低いのですが、規制の対象になっているといえます。

そして最後に、「社会的には痲薬と錯覚されているが、本当は痲薬作用がない」ものがあります。「日本で育つ大麻」や「カンナビノールがまったく含まれていない大麻」などがこれに該当します。これらは、いわば「社会的錯覚によって規制されているもの」で、嗜好品でもありません。

以上の点を踏まえて、最後に「日本では大麻をどう扱えばいいか」ということについて、結論を示しておきます。

＊最終的に、適度な量の解禁へ

まず、科学的に、合理的な区別をすることです。

取り締まりにあたって、これまで「大麻草」という植物の名称を使っていたのを、「カンナビノール」という化合物名を使って無用な議論が起きないようにすることです。

このことで、「繊維用大麻は薬効がない」「日本は2000年間、大麻を痲薬として使ったことはない」などの議論と、規制の話を区別することができます。

具体的には、現在ヨーロッパで産業用の大麻として認められている、カンナビノールの含有量が0・3%以下の大麻については、まったく規制から外すことです。

これには新しいデータも、委員会もいりません。単に「大麻は植物名だから」ということでケリがついてしまいます。

大麻の一部が解禁されると、最初は興味本位で吸う人が出るでしょうが、ニコチンのないタバコ、カフェインのないコーヒー、アルコールの少ないお酒に人気がないように、カンナビノールのない大麻を吸う人は、自然に少なくなるでしょう。

第一段階の措置として、日本の大麻取締法を世界に先駆けて「カンナビノール法」に替えてはどうでしょう。

カンナビノールは非合法になるので、アヘンや覚醒剤などとともに闇市場で売り買いがなされることになるでしょう。これには取り締まりで応じます。

それと並行して、第二段階として、カンナビノールを痲薬として取り締まるべきか、あるいはお酒やタバコのように年齢で規制するのが適当かを検討する委員会を「日本」で持つことです。

何しろ世界の専門家の多くが、カンナビノールの薬効について疑問（ほとんど痲薬性はない）を呈しているのですから、日本でも、自らその判断をするのが適当です。特に日本は、大麻を資源として利用するだけではなく、それを文化や精神的活動まで高めたほぼ唯一の国ですから、その誇りを持って、自ら判断をするのが適当でしょう。

専門家の判断は、おそらく現在のオランダの政策と類似の結論になると思います。すなわち、「規制するから闇の組織がうごめく」ので、酒屋やコーヒーショップなどで適量を販売することです。

現代人の生活は強いストレスの元にあります。お酒でストレスを発散できる人はいいですが、体質的にお酒が飲めない人にとっては、少量のカンナビノールは人生に有用でしょう。カンナビノールを含む大麻は、歴史的に長く使われてきたものですから、人工的に合成された物質と違い、安心感もあります。

過去四回の科学的な委員会で結論が出ているように、カンナビノールには禁断症状もなく、人の性格を暴力的に変えるということもありません。おそらく嗜好品としては「最良のもの」ではないかとも思われます。

アメリカでは、禁酒法の時代にマフィアがはびこりました。無理な規制を行うと、闇の世界が力を増すことは、歴史が証明しています。

また、アメリカのカーター大統領が「刑罰は、その刑罰を受ける原因となったことの社会的被害を上回ってはいけない」と述べたことは前述しました。厳罰主義はかえって社会を不安定にします。

私は、現代日本人の特性から考えて、一気に大麻取締法を廃止するのではなく、第一段階として「カンナビノールの取り締まり」に変更し、その後、国民の理解を得てから、適度な量を解禁するのが適切だと考えます。

いずれにせよ、社会に害をもたらさないことがわかっている大麻、単に植物の名前である大麻を厳しく規制し、それによって無用な犯罪者を増やしている社会こそ、異常であると気づくべきでしょう。

＊日本文化の再認識へ

私は、さらに別の考えも持っています。

日本人は、日本の伝統的な文化をもっと重視し、日本の国土や風土とともに生きる必要があると思っています。

神社には大麻の鈴縄がなければなりませんし、五重塔の朱色は硫化水銀である必要があります。現在、私たちはほとんど何の根拠もなく、大麻を追放し、硫化水銀の代わりにベンガラで彩色しています。それは、日本の多彩な伝統のほんの一部のように思えますが、私は、精神活動の中核をなすものだと考えています。

温帯の島国である日本は、四季折々の豊かな自然を楽しむことができます。それは極上の自然であり、環境です。その環境の中で日本は独特の文化を創ってきました。

ただ、日本人の特性として、自分たちでは自国の文化のよさに気づかず、外からいわれて初めて気づくということがあります。

以下では、江戸時代末期に鎖国政策が終わったあと、日本を訪れた欧米人が見て感じた日本の素晴らしさを、いくつか紹介します。日本人が気づかない、日本文化の素晴らしさを再認識してもらえればと思います。

――オールコック（イギリス初代駐日総領事）

「（日本が）封建領主の圧制的な支配で庶民が苦労し呻吟させられていると聞いていた。だが、これらの良く耕作された谷間を横切って、非常な豊かさのなかで所帯を営んでいる幸福で満ち足りた暮らし向きの良さそうな住民を見て、これが圧制に苦しみ、過酷な税金を取り立てられて窮乏している土地とはまったく信じられない。
むしろ、反対にヨーロッパにはこんなに幸福で暮らし向きの良い農民は居ないし、またこれほどまでに穏和で贈り物の豊富な風土はどこにもないという印象をもった。気楽な暮らしを送り、欲しいものも無ければ、余分なものもない」

オールコックの「欲しいものも無ければ、余分なものもない」という表現はとても重要です。現代の日本人は、常に「欲しいもの」があります。それを得るためには「ちょっとぐらい人を騙してもよい」と考える人もいます。

――カッテンディーケ（オランダ海軍の軍人）
「日本人が他の東洋諸民族と異なる特性の一つは、奢侈贅沢《しやしぜいたく》に執着心をもたないことであって、非常に高貴な人々の館ですら、簡素、単純きわまるものである。すなわち、大広間にも備え付けの椅子、机、書棚などの備品が一つもない」

カッテンディーケは、日本の近代化に大きな役割を果たした人です。彼は、ベルサイユ宮殿に代表されるようなヨーロッパの王侯貴族の奢侈贅沢な暮らしと比べて、日本の殿様がいかに質素な暮らしをしているかということに驚いています。そういう暮らしは、ヨーロッパにないばかりでなく、中国やインドなど、他のアジアの国々にも見られないとしています。

——ハリス（アメリカ初代駐日公使）

「彼らは皆よく肥え、身なりも良く、幸福そうである。一見したところ、富者も貧者も居ない。——これがおそらく人民の本当の幸福の姿というものだろう。私は時として、日本を開国して外国の影響を受けさせることが、果たしてこの人々の普遍的な幸福を増すことになるか、疑わしくなる」

よくいってくれたというのが私の正直な感想です。

日本は必死になって欧米の文化を学んできました。それも悪いことではないのですが、当の欧米人が、日本はそのままでいいのではないか、その方が優れているのではないかと疑問を呈しているのです。

——アンベール（第二回スイス遣日使節団長）

「（日本でも）若干の大商人だけが、莫大な富を持っているくせに更に金儲けに夢中になっているのを除けば、普通の人々は生活のできる範囲で働き、生活を楽しむためにのみ生きていた。

労働それ自体が最も純粋で激しい情熱をかきたてる楽しみであった。職人は自分の作るものに情熱を傾けた。彼らには、その仕事にどれくらいの時間、どのぐらいの日数を要したかは問題ではない。彼らはその作品が売れるかどうかではなく、作品のできに満足できれば、仕事を切り上げたのである」

人間らしい働き方というのは、午後5時のチャイムが鳴ったら仕事が終わるというものではありません。自分の仕事は自分の満足で終わるものだったのです。

現代会社では、「従業員」は家畜のようなもので、精神的な活動は許されていません。その一つとして「地球環境を守るために、昼休みの電気を消す」などという奇妙な現象が見られます。人間は「食べるために働く」のであって「働くために、仕方なく食べる」という家畜のような存在ではないのです。こんなこと一つひとつが、ストレスになっているのでしょう。

「火を求めて農家の玄関先に立ち寄ると、直ちに男の子か女の子が慌てて火鉢を持ってきてくれるのであった。私が家の中に入るやいなや、父親は私に腰をかけるように勧め、母親は丁寧に挨拶をして、お茶を出してくれる。

家族全員が私の周りに集まり、子供っぽい好奇心で私をジロジロ見るのだった。……幾つかのボタンを与えると、子供達はすっかり喜ぶのだった。『大変ありがとう』と皆揃って何度も繰り返してお礼を言う。そして跪いて可愛い頭を下げて優しくほほえむのだったが、社会の下層階級の中でそんな態度に出会うのは、全くの驚きだった。私が遠ざかって行くと、道のはずれまで送ってくれて、ほとんど見えなくなってもまだ『さようなら、またみょうにち』と私に叫んでいる、あの友情のこもった声が聞こえるのである」

——リンダウ（第一回スイス遣日使節団長）

日本人の優しさがよく描写されています。「社会の下層階級の中でそんな態度に出会うのは、全くの驚きだった」というリンダウの感想は、日本に実質的な階級制度がなかったという記録とも整合的です。

——モース（アメリカの動物学者）

「鍵を掛けぬ部屋の机の上に、私は小銭を置いたままにするのだが、日本人の子供や召使いは一日に数十回出入りをしても、触ってはいけないものは決して手を触れぬ」

モースは明治2年に二枚貝の研究で日本にやってきた科学者です。私はこの文章がとても好きです。ここに描写されている子供は、お腹を減らしているでしょう。そして召使いは貧乏に違いありません。二人ともお金が欲しくてたまらないはずです。でも、人のものは人のもの、自分のものは自分のものなのです。

最後に女流旅行家、イライザ・シッドモアに登場してもらいます。彼女は一八八四年からしばしば日本を訪れて日本各地の風景を描いています。
「日の輝く春の朝、大人の男も女も、子供らまで加わって海藻を採集し浜砂に拡げて干す。

……漁師のむすめ達が臑《すね》をまるだしにして浜辺を歩き回る。藍色の木綿の布切れをあねさんかぶりにし、背中にカゴを背負っている。子供らは泡立つ白波に立ち向かったりして戯れ、幼児は楽しそうに砂のうえで転げ回る。婦人達は海草の山を選別したり、ぬれねずみになったご亭主に時々、ご馳走を差し入れる。暖かいお茶とご飯。そしておかずは細かくむしった魚である。こうした光景総てが陽気で美しい。だれも彼もこころ浮き浮きと嬉しそうだ」

美しい、江戸時代の終わりの日本が描写されます。

＊自らの頭で考える社会へ

これらの描写に対して、同時期のヨーロッパの文化は、どのようなものだったのでしょうか？

幕末の日本とほぼ同時期のイギリスは、世界を制覇するほどの勢いを持っていました。しかし、多くの暮らし向きは悲惨でした。エンゲルスが『イギリスにおける労働者階級の状態』（１８４５年）でこう描いています。

「貧民には湿っぽい住宅が、即ち床から水があがってくる地下室が、天井から雨水が漏ってくる屋根裏部屋が与えられる。貧民は粗悪で、ぼろぼろになった、あるいはなりかけの衣服と、粗悪で混ぜものをした、消化の悪い食料が与えられる。貧民は野獣のように追い立てられ、休息もやすらかな人生の楽しみも与えられない。貧民は性的享楽と飲酒の他には、いっさいの楽しみを奪われ、そのかわり毎日あらゆる精神力と体力とが完全に疲労してしまうまで酷使される」

日本とヨーロッパの文化の違いがよく理解できます。

日本人には「してはいけないことはしない」という道徳があり、それは今でも変わらずに守られているように思います。

ただ最近、日本人は頭を巡らすことが少なくなり、さらに「得になることをする」という傾向が強くなってきたようにも思います。また、官僚や自治体の力が強くなり、日本人全体が幼児化したような規制が多くなりました。

タバコについていえば、最初は「健康の為に吸い過ぎに注意しましょう」程度でしたが、徐々に公共の場所での禁煙が増え、いつの間にか「タバコは道徳的に悪いこと」という風潮になってきました。自治体によっては、指定の喫煙場所以外の喫煙に対して、罰金をとることを始めました。

そのうち、「自分の健康を損なうから」だけではなく「タバコを吸っている人の副流煙が健康障害を起こす」ということになってきました。副流煙の危険性に関しては、養老孟司先生が疑問を呈しておられます。私も医学的・統計的な研究、実験動物を用いた研究の結果を見ましたが、学問的に十分な研究がされているとはいいがたい状態です。

タバコの害については、まだいろいろな議論が可能ですが、日本政府が盛んに宣伝しているメタボリックシンドロームとなると、いよいよ怪しくなります。

確かに年をとってくると、肥満が原因で糖尿病や高血圧などのいわゆる生活習慣病になる可能性はあります。しかし、自分の体重は、大人ならその人が自由に決めるものであり、胴囲が85センチ以上の男性が職場にいたら、公的な取り扱いで不利になるというのは、全体主義、締めつけ主義以外の何者でもありません。

「国民が病気になると医療費が増大する。だから医療費削減のためにメタボ検診という方法を編み出した」

厚生労働省のお役人はこういうのですが、現実には健康になって平均寿命が伸び、その結果、医療費が増加しているのですから、いっていることがムチャクチャです。

道路交通法でも、締めつけ主義の傾向が見られます。

かつて運転席のシートベルト着用の時にも、自分の命は自分で守るのだから勝手にしてくれという意見が多かったのですが、2008年になると後部座席の人も義務化され、少しの区間だけタクシーに乗っても、シートベルトを締めるようにいわれるようになりました。

このような締めつけ主義、家畜化政策は、政府が中央集権的になり、できるだけ国民に考えさせない方針をとるときに出てくるものです。

このような例を出したのは、精神的効果のある嗜好品を社会がどの程度許すのか、そういう根本問題を考えるのに必要だからです。

人間社会は進歩します。進歩というのは、単に科学技術が発展するとか社会が効率化されるというのではなく、そこに住む一人ひとりの判断力が増し、より責任ある行動がとれる大人になり、その中で人生を謳歌する自由を持つことです。

精神的作用のある嗜好品を排斥しようとする社会的な力は、つねに「人間は寝て食べるだけでよい。精神的な存在ではない」という確信から来ているように思えるのです。

私は、日本人を信用しています。ですから、「大麻取締法」などがなくても、国民がだらしなくなるという心配はまったく無用だと思っています。

極論をいえば、日本でアヘンやヘロインを解禁したとしても、それで身を滅ぼす人はわずかだと思いますし、逆にアメリカの禁酒法ですでに実証されているように、規制を撤廃すれば、暴力団の資金源を閉ざすことになるとも考えています。日本人の大人は、法律で禁止されていなくても、自らの判断で、自らの人生を選択できるからです。

もちろん、痲薬のような嗜好品を大量に使うのは問題ですが、カフェインやアルコール、ニコチン、そしてカンナビノールなどを少量使用して生活に潤いを与え、のめり込まないだけの常識と自制心を、日本人は持っていると信じています。

おわりに

私が大麻に興味を持ったのは、ずいぶん前のことです。その頃はまだ「環境」などにはあまり関心がありませんでした。「材料」が専攻の私は、日本の伝統材料に興味を持ち、多くの人たちとともに旅行をして、日本の伝統的な材料や建築物、そして工芸品などを見て回りました。

そんな活動の中で、それまで「触れてはいけないもの」と思っていた「大麻」が、日本の伝統文化の中に深く浸透していることを知ったのです。そして大麻の勉強をしてみると、それまでの私には何の知識もなく、ただ受け売りで「大麻は痲薬だ」と錯覚していたことを知ったのです。

人間にとって先入観とは実に恐ろしいもので、ほとんど大麻の知識がなく、大麻のことを判断していた自分を恥ずかしく思いました。

そんなこともあり、名古屋大学で教鞭を執っていた頃の研究室のシンボルマークが、最初に示した大麻草の写真でした。

それは、「学問というのは社会の噂や迷信ではなく、一つひとつの事実を確認し、研究者自らがそれを判断することだ」という私の信念にぴったりの植物だったからです。

その意味はすでに本文中で述べました。研究室の学生はそれをよく理解し、立派な青年として巣立っていきました。

一つの民族にとって、その国土や風土、そして文化は、何にもまして大切なものです。幸いなことに、日本は世界でももっとも長い、単一の国土や風土、文化の歴史を持ち、精神的にも豊かで持続性あふれる社会を作ってきました。

南の奄美、沖縄の文化もまた開放的で楽しく、これも競争や血なまぐさいものはほとんど感じられません。

日本の文化を大切にし、誇りを持ち、日本人の誠を貫くこと、それが、私たちが子孫に伝えるべき宝であると考えます。

大麻を通じて、現代の日本がどういうものなのかを描いてきました。これまで私は、そのテーマを環境という切り口で明らかにしてきましたが、今回、より明確な対象として大麻を選ぶことができたことに、深く感謝しています。

この書籍を執筆する機会を与えていただいた出版関係はもちろん、大麻について長い活動をされている方々——大麻の産業上のことについては、北海道北見市の舟山秀太郎さん、大麻の歴史的、科学的な側面は赤星栄志さん、民俗学的な面では井戸理恵子さん、そして、執筆にあたり大量の資料をご提供いただいた白坂和彦さんなど、多くの方々にご協力をいただきました。ここに深く感謝します。

この書籍が少しでも多くの人の目に触れて、日本の伝統文化と風土が回復し、〝冤罪〟で苦しむ若者を救うことができればと念願しております。

資料編

大麻について、現在の日本でもっとも大切なのは、事実の整理とそれによって導き出される概念であることから、本文中ではあまり詳細な大麻自体の説明や法律の詳細を示しませんでした。そこで、資料編として、大麻、並びに関連の事柄についてここに示したいと思います。

1、参考図書

（1）書籍

1、赤星栄志『ヘンプ読本』築地書館、２００６年
2、レスリー・L・アイヴァーセン『マリファナの科学』築地書館、２００３年
3、矢部武『医療マリファナの奇跡』亜紀書房、１９９８年
4、渡辺京二『逝きし世の面影』葦書房、１９９８年

（2）主要な報告書

1、イギリス、インド大麻薬物委員会報告
"The Indian Hemp Drugs Commission Report" (Summary of the Indian Hemp Drugs Commission Report by Tod Mikuriya) (1894)
2、アメリカ、ラ・ガーディア報告

"The La Guardia Committee Report", The Marihuana Problem in the City of New York, Mayor's Committee on Marihuana, by the New York Academy of Medicine, City of New York(1944)
3、アメリカ、シィーファ委員会
The Report of the National Commission on Marihuana and Drug Abuse, Marihuana: A Signal of Misunderstanding Commissioned by President Richard M. Nixon, March (1972)
4、イギリス、ウットン・レポート
"The Wootton Report Cannabis Report" by the Advisory Committee on Drug Dependence,ADVISORY COMMITTEE ON DRUG DEPENDENCE,United Kingdom (1969)
5、カナダ、レ・ダイン報告
"Cannabis", The Report of the Canadian Government Commission of Inquiry into the Non-Medical Use of Drugs 1972,Canadian Government Commission of Inquiry into the Non-Medical Use of Drugs,published by Information Canada,Ottawa,Canada(1972)
6、The Lancet - Vol.369,Issue 9566,Pages 1047-1053
Date: 24 Mar 2007 Development of a Rational Scale to Assess the Harm of Drugs of Potential Misuse　Author: David Nutt,Leslie A King,William Saulsbury,Colin Blakemore

（3）主要な文献

1、丸山英弘「マリファナ解禁と大麻取締法」法学セミナー、日本評論社、１９８０年7月
「薬物使用と非犯罪化」法学セミナー、日本評論社、１９８０年12月

2、林修三「大麻取締法と法令整備」時の法令、雅粒社、1965年1月
3、林原雅樹「たばこ・アルコール・大麻の法的規制」社会環境研究　第11号、金沢大学大学院社会環境科学研究科社会環境研究編集委員会、2006年3月
4、山本経之「大麻／カンナビノイドからの創薬の可能性」ファルマシア、日本薬学会、2001年3月
5、「脳内マリファナを医療に活かす」日経サイエンス、日経サイエンス社、2005年3月

2、材料としての大麻の用途

現在、大麻取締法が施行されている中で、大麻の用途は限定されているが、それでもさまざまな使い方が工夫されている。これについてはすでに多くの書籍が出版されているので、それを参考にされたい。

3、嗜好品としての大麻の形状と名称

嗜好品としての大麻の利用は、日本の従来の文化にはなかったので、亜流の使用形態ともいえる。ただ今後、嗜好品の種類が増えることが文化の指標になる可能性もある。

【乾燥大麻】

葉や花穂を乾燥させて加工したもの。通常、マリファナと呼ばれるもので、大麻それ自体ではない。細かく切り刻んで、燃やして煙を吸引したり、調理して摂取したりする。大麻を嗜好品として使用する時には、乾燥大麻（マリファナ）に加工するのが普通で、世界で押収された大麻の約8割を占める。

【大麻樹脂】

樹脂とは分子量の大きい有機物を意味し、石油から合成される樹脂をプラスチックと呼ぶ。大麻の場合は、葉や花穂を絞って樹液をとり、それを加工して適度な湿度を持つ固体にする。一般的には「ハシシ」と呼ばれる。「チョコ」などと呼ばれることもある。主要な生産国はモロッコであり、地理的な関係もあって大麻樹脂が多く使われるのはヨーロッパである。

【液体大麻】

液体大麻は、乾燥大麻や大麻樹脂と基本的に同じもので、溶かして化合物を抽出したものである。溶かす時にアルコールや石油エーテルなどを使い、親油性のカンナビノールを取り出す。抽出の度合いをコントロールすることでカンナビノールの濃度を高めることができ、薬効はかなり高くなる。英語では「ハシシオイル」などと呼ばれる。現実に流通しているものは、「液体」というより、もっとベトベトした感じである。

4、大麻取締法の概要

大麻取締法は昭和23年7月10日に法律124号として制定され、その後、平成11年まで数次の改正が行われている。ここでは、第1章総則、第6章罰則のところを示す。

第1章　総　則

第1条　この法律で「大麻」とは、大麻草（カンナビス・サティバ・エル）及びその製品をいう。ただし、大麻草の成熟した茎及びその製品（樹脂を除く。）並びに大麻草の種子及びその製品を除く。

第2条　この法律で「大麻取扱者」とは、大麻栽培者及び大麻研究者をいう。

2　この法律で「大麻栽培者」とは、都道府県知事の免許を受けて、繊維若しくは種子を採取する目的で、大麻草を栽培する者をいう。

3　この法律で「大麻研究者」とは、都道府県知事の免許を受けて、大麻を研究する目的で大麻草を栽培し、又は大麻を使用する者をいう。

第3条　大麻取扱者でなければ大麻を所持し、栽培し、譲り受け、譲り渡し、又は研究のため使用してはならない。

2　この法律の規定により大麻を所持することができる者は、大麻をその所持する目的以外の目的に使用してはならない。

第4条 何人も次に掲げる行為をしてはならない。
(1) 大麻を輸入し、又は輸出すること（大麻研究者が、厚生労働大臣の許可を受けて、大麻を輸入し、又は輸出する場合を除く。）。
(2) 大麻から製造された医薬品を施用し、又は施用のため交付すること。
(3) 大麻から製造された医薬品の施用を受けること。
(4) 医事若しくは薬事又は自然科学に関する記事を掲載する医薬関係者等（医薬関係者又は自然科学に関する研究に従事する者をいう。以下この号において同じ。）向けの新聞又は雑誌により行う場合その他主として医薬関係者等を対象として行う場合のほか、大麻に関する広告を行うこと。

【則】第1条
《改正》平11法160２ 前項第1号の規定による大麻の輸入又は輸出の許可を受けようとする大麻研究者は、厚生労働省令で定めるところにより、その研究に従事する施設の所在地の都道府県知事を経由して厚生労働大臣に申請書を提出しなければならない。

第6章 罰 則
第24条 大麻を、みだりに、栽培し、本邦若しくは外国に輸入し、又は本邦若しくは外国から輸出した者は、7年以下の懲役に処する。
2 営利の目的で前項の罪を犯した者は、10年以下の懲役に処し、又は情状により10年以下の懲役及び300万円以下の罰金に処する。

3　前2項の未遂罪は、罰する。

第24条の2　大麻を、みだりに、所持し、譲り受け、又は譲り渡した者は、5年以下の懲役に処する。

2　営利の目的で前項の罪を犯した者は、7年以下の懲役に処し、又は情状により7年以下の懲役及び200万円以下の罰金に処する。

3　前2項の未遂罪は、罰する。

第24条の3　次の各号の一に該当する者は、5年以下の懲役に処する。

（1）第3条第1項又は第2項の規定に違反して、大麻を使用した者

（2）第4条第1項の規定に違反して、大麻から製造された医薬品を施用し、若しくは交付し、又はその施用を受けた者

（3）第14条の規定に違反した者

2　営利の目的で前項の違反行為をした者は、7年以下の懲役に処し、又は情状により7年以下の懲役及び200万円以下の罰金に処する。

3　前2項の未遂罪は、罰する。

第24条の4　第24条第1項又は第2項の罪を犯す目的でその予備をした者は、3年以下の懲役に処する。

第24条の5　第24条から前条までの罪に係る大麻で、犯人が所有し、又は所持するものは、没収する。ただし、犯人以外の所有に係るときは、没収しないことができる。

2　前項に規定する罪（第24条の3の罪を除く。）の実行に関し、大麻の運搬の用に供した艦船、

航空機又は車両は、没収することができる。

第24条の6 情を知つて、第24条第1項又は第2項の罪に当たる行為に要する資金、土地、建物、艦船、航空機、車両、設備、機械、器具又は原材料（大麻草の種子を含む。）を提供し、又は運搬した者は、3年以下の懲役に処する。

第24条の7 第24条の2の罪に当たる大麻の譲渡しと譲受けとの周旋をした者は、2年以下の懲役に処する。

第24条の8 第24条、第24条の2、第24条の4、第24条の6及び前条の罪は、刑法第2条の例に従う。

第25条 次の各号の一に該当する者は、1年以下の懲役又は20万円以下の罰金に処する。

（1）第4条第1項の規定に違反して、大麻に関する広告をした者

（2）第7条第2項の規定に違反した者

（3）第15条又は第17条の規定による報告をせず、若しくは虚偽の報告をした者

2 前項の刑は、情状によりこれを併科することができる。

第26条 次の各号の一に該当する者は、10万円以下の罰金に処する。

（1）第10条第2項の規定による届出をしなかつた者

（2）第10条第4項又は第7項の規定に違反した者

（3）第16条の2第1項の規定に違反して、帳簿を備えず、又は帳簿に記載せず、若しくは虚偽の記載をした者

（4）第16条の2第2項の規定に違反して、帳簿の保存をしなかつた者

（5）第21条第1項の規定による立入り、検査又は収去を拒み、妨げ、又は忌避した者

第27条　法人の代表者又は法人若しくは人の代理人その他の従業者が、その法人又は人の業務に関して第24条第2項若しくは第3項若しくは第24条の2第2項若しくは第3項の罪を犯し、又は第24条の3第2項若しくは第3項若しくは前2条の違反行為をしたときは、行為者を罰するほか、その法人又は人に対しても各本条の罰金刑を科する。

武田邦彦（たけだくにひこ）
1943年東京都生まれ。東京大学教養学部卒。現在、中部大学教授。専門は資源材料工学。工学博士。『環境問題はなぜウソがまかり通るのか』シリーズ（洋泉社）、『暴走する「地球温暖化論」』（共著、文藝春秋）、『偽善エコロジー』（幻冬舎）、『「地球温暖化」論で日本人が殺される！』（共著、講談社）、『武田邦彦はウソをついているのか？』（共編著、PHP研究所）、『暴走する「偽」環境ビジネス』（KKベストセラーズ）、『家庭で行う正しいエコ生活』（講談社）など著書多数。

大麻《たいま》ヒステリー　思考停止《しこうていし》になる日本人《にほんじん》

2009年6月20日初版1刷発行

著　者 ── 武田邦彦
発行者 ── 古谷俊勝
装　幀 ── アラン・チャン
印刷所 ── 堀内印刷
製本所 ── ナショナル製本
発行所 ── 株式会社光文社
東京都文京区音羽1-16-6(〒112-8011)
http://www.kobunsha.com/
電　話 ── 編集部03(5395)8289　書籍販売部03(5395)8113
業務部03(5395)8125
メール ── sinsyo@kobunsha.com

ISBN 978-4-334-03511-2

322
高学歴ワーキングプア
「フリーター生産工場」としての大学院
水月昭道

いま大学院博士課程修了者が究極の就職難にあえいでいる。優れた頭脳やスキルをもつ彼らが、なぜフリーターにならざるを得ないのか？　その構造的な問題を当事者自ら解説。

328
非属の才能
山田玲司

群れない、属さない——「みんなと同じ」が求められるこの国で、「みんなと違う」自分らしい人生を送るためのコツを紹介する。行列に並ぶより、行列に並ばせてやろうじゃないか。

340
実は悲惨な公務員
山本直治

グータラなくせにクビがない税金泥棒！——激しいバッシングを受けて、意気消沈する公務員たち。官から民に転職した著者が、「お気楽天国」の虚像と実像を徹底レポート。

354
崖っぷち高齢独身者
30代・40代の結婚活動入門
樋口康彦

人づきあいの苦手な人、〃運命の出会い〃を信じる人こそ結婚活動を始めて前向きに生きてみよう。お見合いパーティ（114回）と結婚相談所（68人）を知り尽くした著者が贈る金言集。

358
「生きづらさ」について
貧困、アイデンティティ、ナショナリズム
雨宮処凛　萱野稔人

多くの人が「生きづらさ」をかかえて生きている。これは現代に特有のものなのか？　不安定な労働や貧困、人間関係や心の病など、「生きづらさ」を生き抜くヒントを探っていく。

378
就活のバカヤロー
企業・大学・学生が演じる茶番劇
石渡嶺司　大沢仁

就職活動、通称「就活」は大いなる茶番劇だ。自己分析病にかかった学生、人材獲得に必死すぎる企業、就職実績をやたら気にする大学、三者三様の愚行と悲哀を徹底リポート。

391
天然ブスと人工美人　どちらを選びますか？
山中登志子

見た目重視の「美の格差社会」をどう生きるか？　美人、ブス、フェチの分析、美容整形の取材、自らの「出会い系」体験から、「外見オンチ」（＝美しくない人）への処方箋を示す。

光文社新書

166
オニババ化する女たち
女性の身体性を取り戻す
三砂ちづる
行き場を失ったエネルギーが男も女も不幸にする⁉ 女性保健の分野で活躍する著者が、軽視される性や生殖、出産の経験の重要性を説き、身体の声に耳を傾けた生き方を提案する。

221
下流社会
新たな階層集団の出現
三浦展
「いつかはクラウン」から「毎日百円ショップ」の時代へ――。もはや「中流」ではなく「下流」化している若い世代の価値観、生活、消費を豊富なデータから分析。階層問題初の消費社会論。

237
「ニート」って言うな！
本田由紀　内藤朝雄　後藤和智
その急増が国を揺るがす大問題のように報じられる「ニート」。日本でのニート問題の論じられ方に疑問を持つ三人が、各々の立場からニート論が覆い隠す真の問題点を明らかにする。

316
下流社会　第2章
なぜ男は女に〝負けた〟のか
三浦展
全国1万人調査でわかった！「正社員になりたいわけじゃない」「妻に望む年収は500万円」「ハケン一人暮らしは〝三重楽〟」。男女間の意識ギャップは、下流社会をどこに導くのか？

359
人が壊れてゆく職場
自分を守るために何が必要か
笹山尚人
賃金カット、いじめ、パワハラ、解雇、社長の気まぐれetc.弁護士が見聞した、現代の労働現場の驚くべき実態。「こんな社会」で生きるために、何が必要か。その実践的ヒント。

367
子どもの最貧国・日本
学力・心身・社会におよぶ諸影響
山野良一
7人に1人の児童が困窮し、ひとり親家庭はOECDで最貧困。日本は米国と並び最低水準の福祉だ。日米での児童福祉の現場経験をふまえ、理論・統計も使い、多角的に実態に迫る。

396
住宅政策のどこが問題か
〈持家社会〉の次を展望する
平山洋介
「住」の不平等が拡大している。住宅政策は「普通の家族」だけが恩恵を受ける、経済刺激策のままなのか。独身者や困窮者も含め、多様化する人びとの暮らしを改善できるのか？